— 中国孩子的汉字启蒙书 —

U0712807

汉字！汉字！
汉字原来如此
有生命的字
小豆丫 编绘

华夏出版社
HUAXIA PUBLISHING HOUSE

图书在版编目（CIP）数据

汉字！汉字！汉字原来如此.有生命的字/小豆丫编绘.--北京：华夏出版社，2018.7
ISBN 978-7-5080-9454-0

Ⅰ．①汉… Ⅱ．①小… Ⅲ．①汉字－少儿读物 Ⅳ．①H12-49

中国版本图书馆 CIP 数据核字（2018）第057453号

汉字！汉字！汉字原来如此：有生命的字

编　　绘	小豆丫
策划编辑	杨小英
责任编辑	杨小英
责任印制	顾瑞清

出版发行	华夏出版社
经　　销	新华书店
印　　装	三河市万龙印装有限公司
版　　次	2018年7月北京第1版　　2018年7月北京第1次印刷
开　　本	720×1030　1/16开
印　　张	10
字　　数	100千字
定　　价	36.00元

华夏出版社　网址:http://www.hxph.com.cn　地址：北京市东直门外香河园北里4号　邮编：100028
若发现本版图书有印装质量问题，请与我社营销中心联系调换。电话：（010）64663331（转）

前 言
每个孩子都应该有一本汉字书

1

古人说:"物有本末,事有终始,知所先后,则近道矣。"世间的诸多学问,没有人是生而知之的,从小小的孩童到大大的学问家,从无知的懵懂到清楚的洞达,都需要一步步地从头学习。要学习,就不得不认识字,识字是孩子们成长中最可贵的技能。

2

汉字虽然是象形文字,但是在演变过程中,却渐渐失去了原来的形状,看起来不那么象形了。因此孩子学起来会有难度,也不容易提起兴趣。为了方便孩子们的学习,《汉字!汉字!汉字原来如此》将汉字的演变作了梳理,从汉字最初的形象入手,让孩子们看到形状就能认得汉字。

3

《汉字!汉字!汉字原来如此》共收入375个汉字,根据"六书"原理(象形、指事、会意、形声、转注、假借),同时根据现代汉字结构规律,分为五册。选取了该字的甲骨文、金文、小篆、楷书,揭示汉字的诞生、演化过程;同时选取了经典的汉字故事,包含历史故事、神话传说、文化习俗,最后是汉字密码。书中的每一个汉字都是一幅美丽的画,都有一个动人的故事。

4

《汉字!汉字!汉字原来如此》是这样一本书:

第一,必学。375个汉字,都是义务教育阶段孩子必须掌握的汉字。

第二，形象。配以甲骨文字字形的精美插图，以及该字的演变图，孩子只需用擅长的形象思维来学习汉字即可，不容易失去学习的兴趣。

第三，有趣。并非枯燥的文字讲解，汉字知识与趣味故事完美结合，让孩子了解汉字文化，掌握汉字精髓！

第四，深入。因为展现了汉字演变的过程，同时以通俗的语言解释了其意义的变化，因此，孩子能更深入地理解每个汉字的意义。

第五，权威。以《汉语大字典》《古文字诂林》《甲骨文编》《甲骨文字典》《甲骨文字诂林》《金文编》《金文大字典》《说文解字》等为参考资料，选编字形。

5

汉字生生不息，中华文明薪火相传。每一个汉字的演变，都有一个故事、一种情怀。让孩子们看懂中国字，读懂中国心，体会汉字的温度，领略真正的汉字之美，让孩子学会用温暖的心去阅读，学会感受中国的汉字文化，并为之自豪。让孩子们都做堂堂正正的中国人！

6

需要说明的是：书中所选取的历史故事、寓言、神话故事等因为中国地域广阔、民族众多，再加上口耳相传的方式，使这些故事的面貌呈现多样化，流传下来的版本略有不同或相去甚远，同一神话形象在不同的版本中也有不同的故事和身份。所以，在整理编排的时候，我们查阅了大量的古籍资料，以最原始版本为底本，辅以重要参考文献，选取最真实、经典的版本。当然，即使这样，书中难免也存在不妥之处，敬请广大读者批评指正。

目录

- 人 ········ 2
- 大 ········ 4
- 子 ········ 6
- 儿 ········ 8
- 女 ········ 10
- 男 ········ 12

- 父 ········ 14
- 夫 ········ 16
- 妇 ········ 18
- 目 ········ 20
- 耳 ········ 22

- 眉 ········ 24
- 口 ········ 26
- 手 ········ 28
- 足 ········ 30
- 牙 ········ 32
- 首 ········ 34

- ◎ 心 · · · · · · · 36
- ◎ 身 · · · · · · · 38
- ◎ 立 · · · · · · · 40
- ◎ 元 · · · · · · · 42
- ◎ 众 · · · · · · · 44
- ◎ 血 · · · · · · · 46
- ◎ 肉 · · · · · · · 48

- ◎ 尸 · · · · · · · 50
- ◎ 死 · · · · · · · 52
- ◎ 命 · · · · · · · 54
- ◎ 囚 · · · · · · · 56
- ◎ 鬼 · · · · · · · 58
- ◎ 妻 · · · · · · · 60

- ◎ 好 · · · · · · · 62
- ◎ 美 · · · · · · · 64
- ◎ 孕 · · · · · · · 66
- ◎ 保 · · · · · · · 68
- ◎ 呆 · · · · · · · 70
- ◎ 安 · · · · · · · 72

◎ 孝 · · · · · · · · 74
◎ 家 · · · · · · · · 76
◎ 婴 · · · · · · · · 78
◎ 寿 · · · · · · · · 80
◎ 尤 · · · · · · · · 82
◎ 孔 · · · · · · · · 84

◎ 亦 · · · · · · · · 86
◎ 央 · · · · · · · · 88
◎ 兮 · · · · · · · · 90
◎ 只 · · · · · · · · 92
◎ 曰 · · · · · · · · 94
◎ 今 · · · · · · · · 96
◎ 乎 · · · · · · · · 98

◎ 司 · · · · · · · · 100
◎ 臣 · · · · · · · · 102
◎ 民 · · · · · · · · 104
◎ 音 · · · · · · · · 106
◎ 直 · · · · · · · · 108
◎ 平 · · · · · · · · 110

◎ 仁 112
◎ 友 114
◎ 争 116
◎ 之 118
◎ 久 120
◎ 正 122

◎ 迷 124
◎ 奔 126
◎ 看 128
◎ 听 130
◎ 闻 132
◎ 思 134

◎ 望 136
◎ 饮 138
◎ 吹 140
◎ 号 142
◎ 仆 144
◎ 信 146
◎ 圣 148
◎ 爽 150

有生命的字

1. 人

字里乾坤

rén

趣话汉字

| 甲骨文 | 金文 | 小篆 | 楷体 |

人，象形字。甲骨文字形像侧面站立的人形，造字的本义是指躬身垂臂的劳作者。人的腰身含躬，手臂半垂收敛，似乎像一个脸朝黄土背朝天的劳作者。后世的字基本承续了甲骨文的字形，为了书写方便，弯曲的腰身变成了平滑的捺了。

汉字故事

女娲造人
nǚ wā zào rén

在很久很久以前，天上住着一位女神，叫作女娲。当时，地上是一片茫茫的原野，非常荒凉，只有一些野兽和花草。可是，和花草说话，它们根本听不懂女娲的话；对野兽说话，它们又不能了解女娲心中的苦恼。所以，女娲感到非常寂寞。

有一天，女娲在河边坐着发呆，看到水中自己的影子，突然灵机一动：我可以动手造出和自己一样的生物啊！

这样想着，女娲露出了笑容，随手抓起河边的泥土，捏出了一个和自己一模一样的小泥人，然后对着它轻轻吹一口气，小泥人就活了过来。女娲一见，心里高兴得不得了，又继续捏了很多小泥人，并让它们一个个活了过来。这些活蹦乱跳的小泥人被分散到世界上每一个地方。

后来，在女娲的帮助下，它们还学会了如何繁衍后代。从此以后，大地上的人越来越多，人类幸福美满地一直生活下去。

知识密码

猿人与人类的关系——

猿人被认为是人类的直接祖先，具有人和猿的两重生理构造特征，它们头骨低平，眉脊骨突出，牙齿较大，具有猿和人的中间性质，生存于距今两百万年到三四十万年前。

2. 大

字里乾坤

dà

趣话汉字

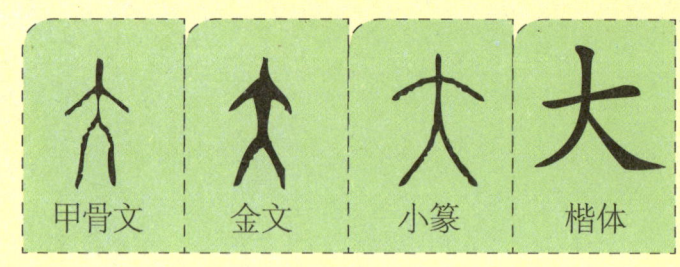

| 甲骨文 | 金文 | 小篆 | 楷体 |

大，象形字。从字形看，甲骨文就像一个张开双臂双腿、顶天立地的"人"形。金文和篆文承续甲骨文字形，变化不大。到了楷书，人的两臂伸平了，直接变成一横，这就是我们今天看到的字形。

汉字故事

大禹治水
dà yǔ zhì shuǐ

当尧还在世的时候,中原地带洪水泛滥,无边无际,人民流离失所。尧决心要消灭水患,就暂且将治水的任务委任给鲧(gǔn)。鲧治水治了九年,大水还是没有消退,后来舜开始操理朝政,革去了鲧的职务,将他流放到羽山,后来鲧就死在那里。

舜征求大臣们的意见,看谁能治退洪水,大臣们都推荐鲧的儿子禹,舜并不因他是鲧的儿子而轻视他,而是很快把治水的大任交给了他。当时,大禹刚刚结婚四天,他的妻子涂山氏是一位贤惠的女人,同意丈夫前去。

禹带领着伯益、后稷(jì)和一批助手,跋山涉水,餐风饮露。大禹左手拿着准绳,右手拿着规矩,走到哪里就量到哪里。他吸取了父亲采用堵截方法治水的教训,发明了一种疏导治水的新方法,其要点就是疏通水道,使得水能够顺利地东流入海。

大禹治水一共花了十三年的时间。正是在他的治理下,咆哮的河水失去了往日的凶恶,驯驯服服、平缓地向东流去,昔日被水淹没的山陵露出了峥嵘,农田变成了粮仓,人民又能筑室而居,过上幸福富足的生活了。

知识密码

《大风歌》——

《大风歌》是汉高祖刘邦创作的一首诗歌。他平定黥(qíng)布谋反之后,经过沛县,邀集故人饮酒,酒酣时刘邦击筑,同时唱了这首歌:大风起兮云飞扬,威加海内兮归故乡,安得猛士兮守四方!

3. 子

字里乾坤

zǐ

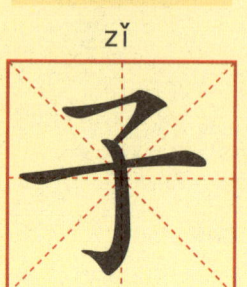

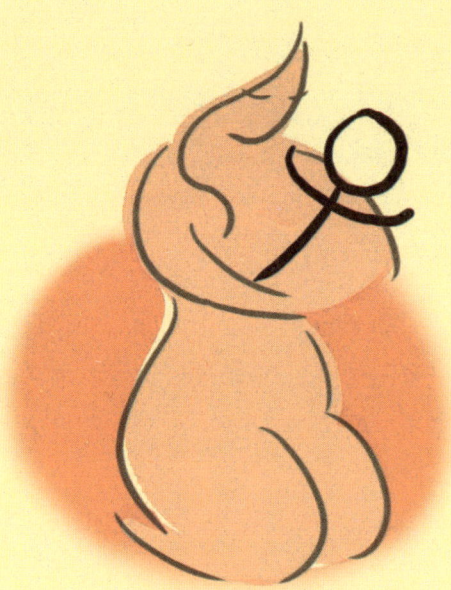

趣话汉字

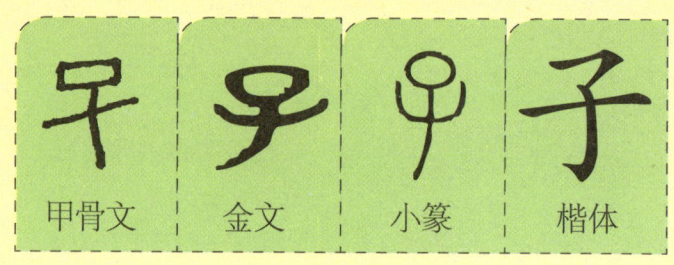

| 甲骨文 | 金文 | 小篆 | 楷体 |

子，象形字。甲骨文的"子"就像一个襁褓之中的婴儿之形，上部是头，左右是两臂，两腿包裹在襁褓中。汉字简化后，婴儿圆形的头变成了一横，就成了我们今天看到的"子"。当然，子的本义没有变，仍然表示小孩子的意思。

汉字故事

炎黄子孙
(yán huáng zǐ sūn)

"炎黄"分别指中国远古时代两位不同部落的首领——炎帝和黄帝。

炎帝姓姜,是炎帝族的首领。他们从西方游牧进入中原,与以蚩(chī)尤为首领的九黎族发生了长期的部落冲突,最后被迫逃避到涿鹿。黄帝族前来援助,共同杀死了蚩尤。

黄帝姓姬,号轩辕氏,是有熊国的首领。炎黄两族曾在阪(bǎn)泉发生过三次大冲突,黄帝族打败了炎帝族,由西北进入了中原地区。

后来,黄帝族和炎帝族,与居住在东方的夷族、南方的黎族和苗族的一部分逐渐融合,形成了春秋时期的华族,汉以后又称为汉族。在当时中原地区的民族和部落中,黄帝族的力量较强,文化也较高,因而黄帝族就成为中原文化的代表,炎黄二帝就成为汉族的始祖,也被人们称为中华民族的始祖。

所以,人们往往称中华民族是"炎黄子孙",它成为了中华民族的代名词。

知识密码

子时——

在历法上,子时指一天中离天阳最远的时段,即23:00-1:00,正子时为0:00,相对于正午时12:00。

4. 儿

字里乾坤

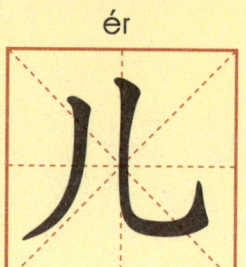

ér

趣话汉字

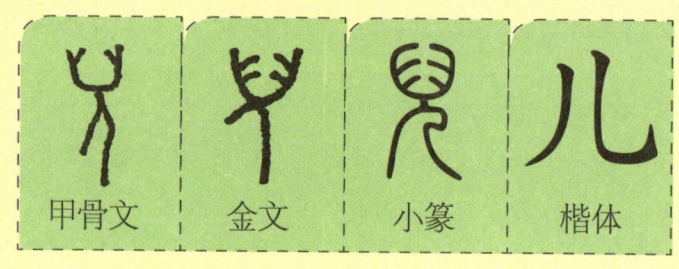

| 甲骨文 | 金文 | 小篆 | 楷体 |

儿，象形字。从甲骨文中我们可以看出，这是一个站着的大头娃娃，婴儿的脑囟骨还没有长在一起。后世的儿字一直继承了甲骨文的字形。后来，汉字简化后，儿字省去了娃娃的头部，只保留字形的下部，已不太像人形了，就成了现在的样子。

汉字故事

两小儿辩日
（liǎng xiǎo ér biàn rì）

孔子到东方游历，在途中遇见两个小孩在争辩，便上前问他们争辩的原因。

一个小孩说："我认为太阳刚刚升起时，距离人比较近，而到中午的时候就距离人比较远。原因是太阳刚升起的时候大得就像一个车盖，可到了正午时就小得像一个盘盂（yú），这不是远处的看着小而近处的看着大的道理吗？"

另一个小孩不同意，他认为太阳刚升起的时候距离人远，而到中午的时候距离人近。原因是："太阳刚升起的时候清凉而略带寒意，可到了中午的时候，就像手伸进热水里一样热，这不是近的时候感觉热而远的时候感觉凉的道理吗？"

孔子听了之后，也不能判定他们俩到底谁对谁错。

两个孩子讥讽说："谁说你知识渊博呢？"

知识密码

儿皇帝石敬瑭（táng）——

五代时的石敬瑭借助契丹太宗耶律德光的帮助建立了后晋，他虽是皇帝，却仍要向契丹称臣，还要称比自己小十岁的耶律德光为父，并自称"儿皇帝"。后来，"儿皇帝"借指投靠外来势力，取得统治地位的人。

5 女

字里乾坤

nǚ

趣话汉字

| 甲骨文 | 金文 | 小篆 | 楷体 |

女,象形字。"女"的本义指"妇女",甲骨文的女就像面朝左跪着的一个人,上身是直立的,两臂交叉放在胸前。金文的女与甲骨文形体基本相同,只是在她的头上多加了一条横线,实为头簪之类的装饰品。到了小篆和楷书,女的形体已不太像跪着的人形了。窈窕的女子是美丽的,《诗经》就有云:"窈窕淑女,君子好逑。"

汉字故事

牛郎织女 (niú láng zhī nǚ)

传说，天帝有七个女儿，她们个个美貌动人，并且还会织布，尤其是住在天河东边的七女儿织女。她年年在织布机上劳作，织出了许多美丽的天衣，自己都没有空闲打扮。

有一次，众姐妹想下凡看一看，织女也去了。她们来到一条溪水里洗澡，玩得很开心。可是，当姐姐们都上岸之后，织女却找不到自己的衣服。原来，是路过的牛郎拿走了她的衣服。织女看牛郎长相老实，人也不错，便嫁给了他，俩人度过了一段幸福美满的日子。

这件事被王母娘娘知道了，她非常生气，派天兵带走了织女。牛郎紧跟其后，眼看就要拉住织女，王母娘娘突然拔出头上的玉簪在他们中间一划，出现了天河，将他们再次隔开了。

后来，王母娘娘看织女和牛郎可怜，便准许他们一年相会一次。每年七月七日这天，牛郎和织女便踩着喜鹊搭成的桥梁，在银河的东岸相会，诉说相思之苦。

知识密码

女皇武则天——

武则天是唐朝人，她是中国历史上唯一一位女皇帝，也是历史上即位年龄最大（67岁即位）、寿命最长的皇帝之一（终年82岁）。

6 男

字里乾坤

nán

男

趣话汉字

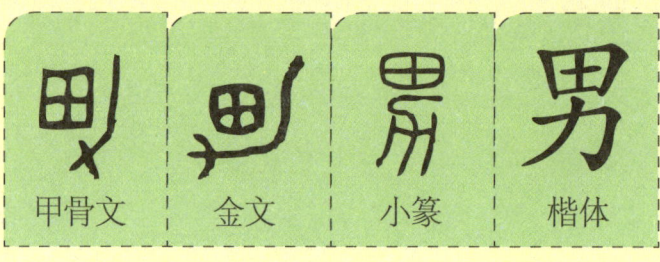

| 甲骨文 | 金文 | 小篆 | 楷体 |

男，会意字。甲骨文的左边是一块田，右边是一个犁一样的犁田工具。因为古代劳动有分工，耕田一般由男人担任，所以能耕田的就是"男"。金文继承甲骨字形，篆文又将犁移到田的下面，变成了上下结构。最后，下面的犁形写成了"力"，字形开始定型。

汉字故事

男儿及冠 (nán ér jí guàn)

冠礼是华夏民族嘉礼的一种，是古代中国汉族男性的成年礼。冠礼表示男青年到了一定年龄，可以婚娶，并从此作为氏族的一个成年人，可以参加各项社会活动了。

及冠，也称加冠、弱冠，古代每一个男子十五岁至二十岁之间，都要举行"及冠"的礼仪，表示已经是成年人了。传说周文王十二岁而冠，成王十五岁而冠。古代冠礼在宗庙内举行，日期为二月，冠前十天内，受冠者要先卜筮吉日，十日内无吉日，则筮选下一旬的吉日，然后将吉日告知亲友。行礼时，主人、大宾和受冠者都穿礼服，先加缁(zī)布冠，次授以皮弁，最后授以爵弁(biàn)。加冠完毕后，就可以取"字"了。"字"，又称"表字"，是根据幼时取名的原意，例如：诸葛亮，字"孔明"；岳飞，字"鹏举"。

现代的成人礼一般在十八岁左右举行，不过这个礼仪已经渐渐被人淡忘了。

知识密码

四十不惑——

"四十不惑"出自孔子的《论语·为政》，里面写了在人生不同阶段所应达到的状态：吾十有五而志于学，三十而立，四十而不惑，五十而知天命，六十而耳顺，七十而从心所欲，不逾矩。

7. 父

字里乾坤

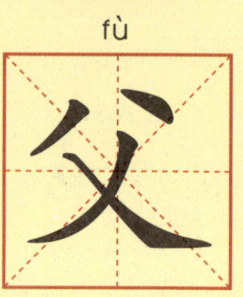

fù

趣话汉字

| 甲骨文 | 金文 | 小篆 | 楷体 |

父，指事字。甲骨文字形右边的一条竖线表示指事符号，代表石斧之类的工具，左边是一只手，手拿工具表示野外劳动的男子。之后的字形都承续甲骨文字形，变化不大。今天，"父"的"持斧"义项已经消失，现在引申为父亲的意思，因为父亲是一家之主，一般需要外出劳动养家。

汉字故事

夸父逐日
kuā fù zhú rì

远古时代,在我国北部的山上住着一个巨人氏族,叫夸父族。夸父族的首领叫作夸父,他身高无比,力大无穷。那时候,世界荒凉落后,毒蛇猛兽横行,人们生活凄苦。

有一年,天大旱,火一样的太阳烤焦了地上的庄稼,晒干了河里的流水。人们热得难受,实在无法生活。夸父见到这种情景,就发誓要把太阳捉住,让它听从人们的吩咐。一天,太阳刚刚从海上升起,夸父就从东海边上迈开大步开始了他逐日的征程。夸父不停地追呀追,饿了摘个野果充饥,渴了捧口河水解渴,累了也仅仅打个盹。

可是离太阳越近,太阳光就越强烈,夸父越来越感到焦躁难耐。于是,夸父站起来走到东南方的黄河边,喝掉了黄河里的水,他又去喝渭河里的水。谁知道,他喝干了渭河水,还是不解渴。于是,他打算向北走,去喝一个大泽的水。可是,他实在太累太渴了,当他走到中途时,身体就再也支持不住了,慢慢地倒下去死了。

夸父死后,他的身体变成了一座大山,这就是"夸父山";他的手杖化作邓林,成为人类的桃花源。

知识密码

古代关于父亲的称呼——

提到自己的父亲,称家父;提到自己死去的父亲,称先考或先父;提到对方的父亲,称令尊。

8. 夫

字里乾坤

fū

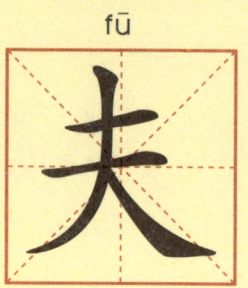

趣话汉字

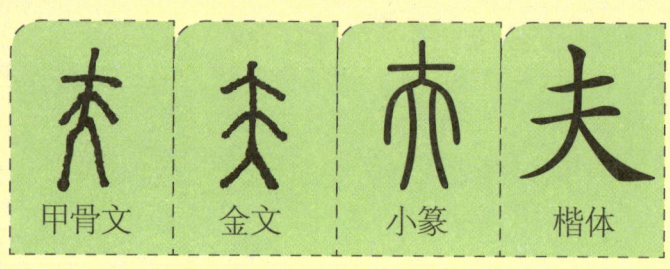

| 甲骨文 | 金文 | 小篆 | 楷体 |

夫，指事字。甲骨文字形下部是一个人形，上部加一横指事符号，代表发簪，以簪束发，表示成人。在古代，人们以束发、加冠作为男子的成年仪式。之后的字形基本延续了甲骨文的这一含义，字形变化不大，更加形象，到了楷书，终于定型。

汉字故事

大丈夫何患无妻

赵云领兵三千进攻桂阳,旗开得胜,活捉桂阳太守赵范手下大将陈应,赵范不得已投降。赵范宴请赵云,与赵云结拜为兄弟,并欲将寡嫂樊氏改嫁给赵云。赵云听后十分愤怒,认为赵范行不伦之事,斥责赵范。赵范心生害意,示意左右下手谋害赵云,赵云发觉后一拳打倒赵范,上马出城。而后赵范与陈应、鲍隆商议诈降,却被赵云识破。赵云反而将计就计,斩陈应、鲍隆,活捉赵范,从而把桂阳彻底划入了刘备的版图。

事后刘备与诸葛亮来到桂阳,赵云将事情经过一一叙述。诸葛亮问到为何不娶樊氏时,赵云答道:"赵范既与我结为兄弟,今若娶其嫂,惹人唾骂,一也;其妇再嫁,使失大节,二也;赵范初降,其心难测,三也。主公新定江汉,枕席未安,云安敢以一妇人而废主公之大事?天下女子不少,但恐名誉不立,何患无妻子乎?"

这个故事流传下来成为了典故,"大丈夫何患无妻"现在的意思是:好男人还怕找不到老婆吗?强调的是男人要志向远大,不能为儿女情长贻误大局。

知识小密码

孔夫子——

即孔子,儒家学派的创始人,中国古代的思想家,在世时已被誉为"天纵之圣""天之木铎",是当时社会上的最博学者之一。

9. 妇

字里乾坤

fù

趣话汉字

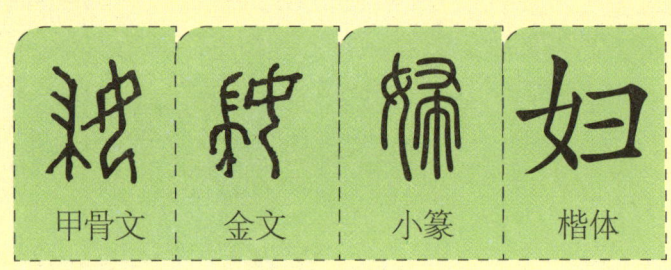

| 甲骨文 | 金文 | 小篆 | 楷体 |

妇，会意字。甲骨文的左上方是一把笤帚，右边是一个跪在地上的女人，这表示手拿笤帚扫地的人就是"妇"。随着演变，右边的女人被移到笤帚的左边，同时右边的扫帚简化成三笔，这就是我们今天看到的"妇"字。在古代，"妇"一般指已婚的女子，也就是妻子的意思。

汉字故事

再作冯妇
zài zuò féng fù

齐国遭遇了饥荒，陈臻(zhēn)对孟子说："国内的人们都以为老师会再次劝齐王打开棠地的粮仓来赈济灾民，大概不可以再这样做了吧？"

孟子说："再这样做就成了冯妇了。晋国有个叫冯妇的人，非常善于打老虎，后来成了善士，就不再打虎了。有一次，他到野外去，看到有很多人正在追逐一只老虎。那只老虎背靠着山势险阻的地方，没有人敢去接近它。大家远远地望见冯妇来了，都连忙跑过去迎接他。只见冯妇挽着袖伸长手臂，走下车来，众人都很高兴。可是士人们却由此讥笑他重操旧业，又干起了打虎的勾当，而把自己做善士的追求放弃了。"

这就是"再作冯妇"的故事，是指人应该明己见机守义，不应因环境而轻易放弃自己的追求与原则。

知识密码

妇好——

妇好是商朝国王武丁的妻子，是中国历史上有据可查的第一位女性军事统帅，也是一位杰出的女政治家。她不仅能率领军队东征西讨，为武丁拓展疆土，还主持着武丁朝的各种祭祀活动。

10 目

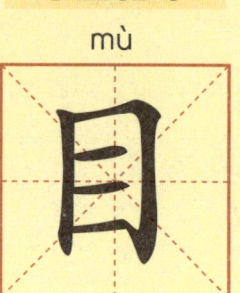

字里乾坤

mù

趣话汉字

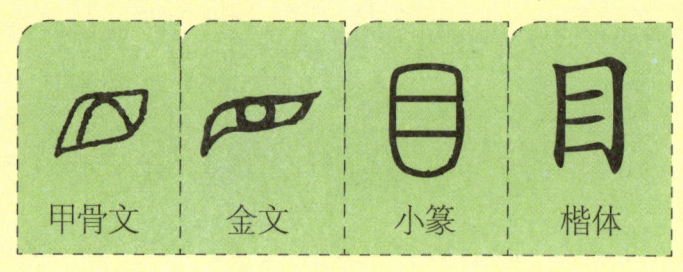

| 甲骨文 | 金文 | 小篆 | 楷体 |

目，象形字。"目"的本义指"眼睛"，甲骨文的目是一只眼睛，后来为了书写方便，把表示黑眼球的圆形线拉平了，变成了竖目。"目"是五官之一，可以让我们看到眼前的事物。

汉字故事

目不识丁
mù bù shí dīng

以前有个财主姓丁，他有一个儿子，都十多岁了还什么都不懂，请了好几个先生，就是教不会他一个字。丁财主心里可急坏了，一天他贴出榜文，声称若谁能教会丁少爷一个字，就赏银十两。

一位老秀才见了，心想：这孩子再笨，也不至于不知道自己的姓吧？况且，这个"丁"字笔画简单，又好写，又好认，我怎么会教不会他一个"丁"字呢？于是，他便揭了榜。

到了财主家后，老秀才每天都教丁少爷学习"丁"字，一晃就过了九天，丁财主要考丁少爷。老秀才怕丁少爷忘了，特意准备了一个钉子，让少爷拿着，说："万一忘了，看看手里的东西，就想起来了，懂吗？"少爷点了点头。

秀才领着少爷去见丁财主，写了一个"丁"字说："小少爷，这个字怎么念？"谁知少爷看了半晌，还是想不起这是个什么字。秀才赶紧提醒他："你手上拿的是什么东西？"

少爷低头一看，说："一根铁棒。"秀才一听，气得直跺脚："真是朽木不可雕也！你目不识'丁'不要紧，我的十两银子可完了。"

从此，"目不识丁"这个俗语便传开了。

知识密码

天目山——

天目山地处浙江省西北部临安市境内，它古名浮玉山，"天目"之名始于汉，有东西两峰，顶上各有一池，长年不枯，故名天目山。天目山是韦陀菩萨的道场，主峰仙人顶海拔1506米。

11. 耳

字里乾坤

ěr

趣话汉字

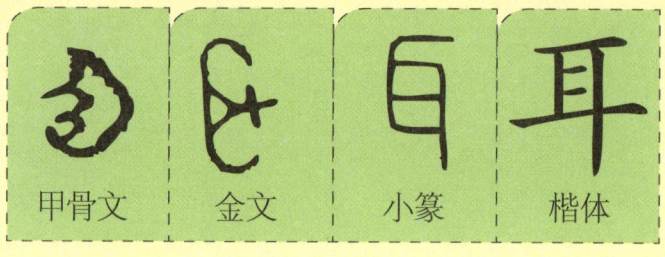

| 甲骨文 | 金文 | 小篆 | 楷体 |

耳，象形字。"耳"的本义指"耳朵"，是人的五官之一，甲骨文的耳字形似人类耳朵的整个外形。随着演变，"耳"字开始简化和规范化，就变成了我们今天看到的样子。

汉字故事

掩耳盗钟
yǎn ěr dào zhōng

春秋时期，晋国的赵氏灭掉了范氏。有人趁机跑到范氏家里想偷点东西，看见院子里吊着一口大钟。钟是用上等青铜铸成的，造型和图案都很精美。小偷心里高兴极了，想把这口精美的大钟背回去。可是钟又大又重，怎么也挪不动。他想来想去，只有一个办法，那就是把钟敲碎，然后再分别搬回家。

小偷找来一把大锤子，拼命朝钟砸去，"咣"的一声巨响，把他吓了一大跳。小偷心慌，心想这下糟了，这钟声不就等于是告诉人们我正在这里偷钟吗？他心里一急，身子一下子扑到了钟上，张开双臂想捂住钟声，可钟声依然悠悠地传向远方。

他越听越害怕，不由自主地抽回双手，使劲捂住自己的耳朵。

"咦，钟声变小了，听不见了！"小偷高兴起来，"把耳朵捂住就听不见钟声了！"他想着，立刻找来两个布团，把耳朵塞住，心想这下谁也听不见钟声了。于是就放手砸起钟来，一下一下，钟声响亮地传到很远的地方。人们听到钟声蜂拥而至，把小偷捉住了。

知识密码

六耳猕猴——

《西游记》中的人物，是传说的四大灵猴之一，没有姓名，神通与孙悟空一样。变化成假孙悟空后，观音、托塔天王的照妖镜等皆不能识，后被如来佛祖说破原身，被孙悟空一棒打死。

12 眉

字里乾坤

méi

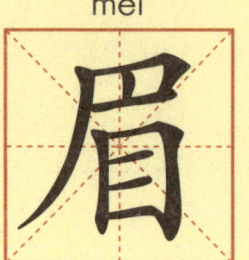

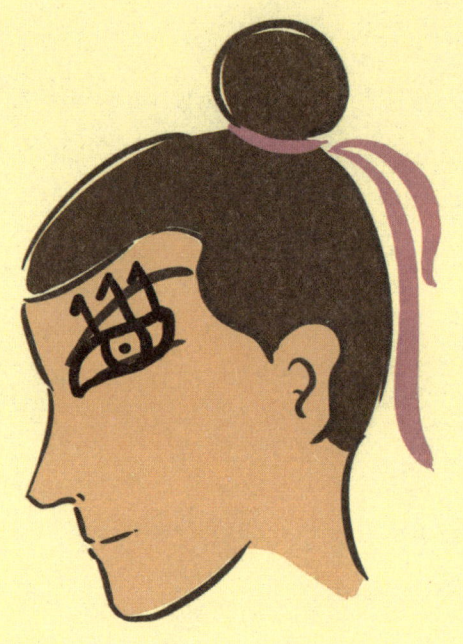

趣话汉字

| 甲骨文 | 金文 | 小篆 | 楷体 |

眉，象形字。"眉"的本义表示长在眼睛上方的毛发，甲骨文和金文在表示眉毛的时候，都将"目"作为必要参照。到了篆文和楷书，眉的原始字形未变，只作了规范化的处理，使其看起来美观而形象。

汉字故事

举案齐眉 (jǔ àn qí méi)

汉代有一个人叫梁鸿,他品德高尚,许多人想把女儿嫁给他。与他同县的一位孟氏有一个女儿,长得又黑又肥又丑,每次为她择婆家,她就是不嫁。父母问她为何不嫁,她说:"我要嫁像梁鸿一样贤德的人。"梁鸿听说后,就下聘礼,准备娶她。

等到过门那天,孟女打扮得漂漂亮亮的。哪想到,婚后一连七日,梁鸿一言不发。孟女就来到梁鸿面前跪下,说:"夫君默默无语,不知妾犯了什么过失?"梁鸿答道:"我一直希望自己的妻子是位能穿麻葛衣,并能与我一起隐居到深山老林中的人。而现在你却穿着用绮(qǐ)缟(gǎo)等名贵的丝织品缝制的衣服,涂脂抹粉、梳妆打扮,这哪里是我理想中的妻子啊?"

孟女听了,对梁鸿说:"我这样打扮,只是想验证一下夫君是否真是贤士。"说完,她便穿上粗布衣,架起织机动手织布。梁鸿十分高兴,对妻子说:"这才是我梁鸿的妻子!"他为妻子取名为孟光,意思是她的仁德如同光芒般闪耀。他们夫妻二人的感情非常好,每次梁鸿归家时,孟光都备好食物,举到眉毛那里,低头不敢仰视。二人相敬如宾,举案齐眉,被后人传为佳话。

知识密码

八字眉——

古代妇女眉式名。据《事物纪原》说,汉武帝曾经命令宫人画八字眉,后来历代相沿习,盛行于中唐、晚唐时期,因为双眉形似"八"字而得名。

13
口

字里乾坤

kǒu

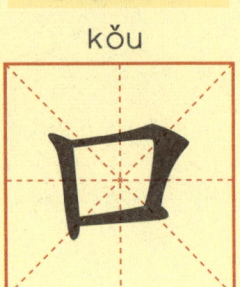

趣话汉字

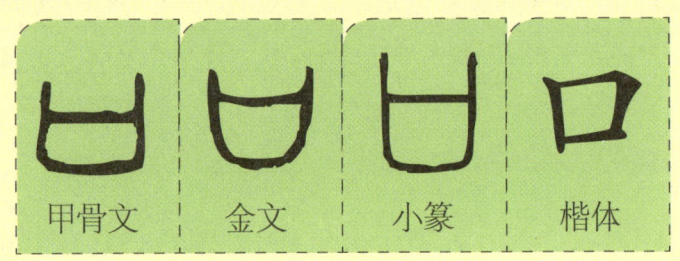

| 甲骨文 | 金文 | 小篆 | 楷体 |

　　口，象形字。"口"的本义指"嘴"，表示人类用来进食、发音、呼吸的器官。从甲骨文、金文到篆文，口的字形基本上没有什么变化，都像是人张开的嘴巴。后来人们为了书写方便，直接略去了嘴角，写成整齐的四边形。

汉字故事

防民之口,甚于防川
（fáng mín zhī kǒu, shèn yú fáng chuān）

周朝后期，对人民采取了残酷的统治，因此人们对周朝越来越不满，纷纷起来反抗。到了周厉王，对人民的压迫更重了，都城镐(hào)京的国人不满厉王的暴虐措施，怨声载道。

大臣召穆公听到国人的议论越来越多，就进宫劝诫厉王。厉王不仅不听，还下令禁止国人批评朝政，又从卫国找来一个巫师，要他专门刺探批评朝政的人。在这样的压力下，国人真的不敢在公开场合里议论国事了，就是在路上碰到熟人，也不敢交谈招呼，只交换一个眼色，就匆匆地走开。厉王发现批评朝政的人渐渐少了下来，十分满意。

有一次，召穆公去见厉王，周厉王高兴地对他说："你看，现在老百姓都同意我的做法，没有人反对了呢。"召穆公叹了一口气说："您这是强行封老百姓的嘴，这怎么行呢？堵住人的嘴，不让人说话，比堵住河流还要危险哪！硬堵住河流，等到决口时伤害的人一定会更多；硬堵住人的嘴，比堵塞河流的后患更为严重，是要闯大祸的呀！"

厉王不以为然，过了三年，国人忍无可忍，举行了一次大规模的暴动。厉王得知风声，慌忙带了一批人逃命。

知识密码

大汶(wèn)口文化——

大汶口文化是新石器时代文化，因发现于山东泰安大汶口而得名。年代距今约6300～4500年，延续时间有2000年左右。根据地层叠压关系和遗物特征，可以区分为早、中、晚三期。

14 手

字里乾坤

shǒu

手

趣话汉字

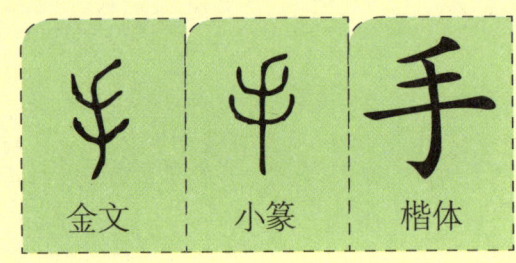

| 金文 | 小篆 | 楷体 |

手,象形字。金文字形的"手"像一只大手,上部是五个指头,下部是手臂。后世为书写方便,作出了一些变形,将五指形象简化成一撇两横。

汉字故事

炙手可热
zhì shǒu kě rè

唐玄宗李隆基在位前期是一个很有作为的皇帝,但是,他后来任用李林甫为丞相,政治开始腐败。745年,他封杨玉环为贵妃,纵情声色,奢侈荒淫,政治越来越腐败了。

杨贵妃有个堂兄叫杨钊,由于杨贵妃得宠,杨钊也平步青云,做了御史,唐玄宗还赐名"国忠"。不久,李林甫死了,唐玄宗便任命杨国忠做丞相,把朝廷政事全部交给杨国忠处理。一时之间,杨家兄妹权势熏天,他们结党营私,把整个朝廷搞得乌烟瘴气,以致不久以后就爆发了安禄山、史思明的叛乱。可当时,杨家兄妹还过着花天酒地、穷奢极欲的生活。

公元753年,杨贵妃等人到曲江边游春野宴,轰动一时。诗人杜甫对杨家兄妹这种只顾自己享乐、不管人民死活的行为极为愤慨,写出了著名的《丽人行》一诗,大胆揭露和深刻讽刺了杨家兄妹生活的奢侈和权势的显赫。

"炙手可热势绝伦,慎莫近前丞相嗔!"便是诗中的两句。这两句诗的意思是:杨家权重位高,势焰大,没有人能与之相比;你千万不要走近前去,以免惹得丞相发怒生气。

知识密码

手鼓——

手鼓是维吾尔族、哈萨克族等民族的打击乐器,一面蒙皮,周围有金属片或环,相击时能够发出声音。

15. 足

字里乾坤

zú

趣话汉字

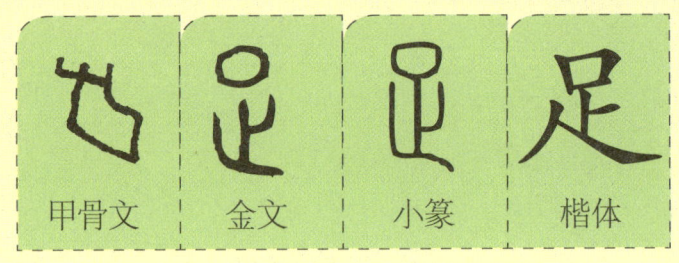

| 甲骨文 | 金文 | 小篆 | 楷体 |

足，象形字。甲骨文就像是人的一只脚的样子，金文上面的方口像膝，下面的"止"即脚，合起来指整个脚。随着演变，"足"逐渐作出了简化和规范化的处理，就成了现在看到的样子。

汉字故事

huà shé tiān zú
画蛇添足

楚国有一个人，有一天，他赏给自己的部下一壶酒。部属们不知拿这瓶酒怎么办，互相商量说："几个人喝这壶酒肯定是不够的，一个人喝这壶酒才有剩余。所以，我们不如在地上画蛇，先画成的人就可以喝这壶酒。"

大家都表示赞同，很快一个人把蛇画好了。他很开心，拿起酒壶就准备喝。可是，他转念一想，我画得这样快，不如给这条蛇画上脚。于是，他左手拿着酒壶，右手画脚。

还没等他画完，另一个人的蛇就画成了。那个人一把夺过他手中的酒壶，说："蛇本来没有脚，你怎么能给它画脚呢？"于是，他就把壶中的酒喝了下去。

那个给蛇画脚的人因为多此一举，最终失去了那壶酒。所以，人们便用"画蛇添足"来形容做多余的事反而不恰当。

知识密码

缠足的恶习——

缠足是中国古代汉族女性习俗，是指用长布条把脚紧紧缠住，使脚畸形变小，以为美观。大多数妇女从四五岁起便开始裹脚，一直到成年之后，方能将布带解开，也有终身缠裹、直到老死之日的人。

16 牙

字里乾坤

yá

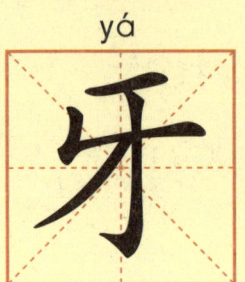

趣话汉字

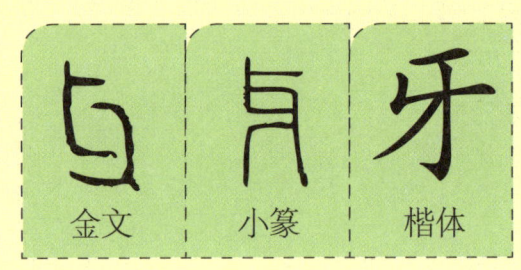

| 金文 | 小篆 | 楷体 |

牙，象形字。金文的字形像口腔内部上下交错的白齿，楷书已看不出上下白齿交错的形象了。古人称口腔前部上下相对的两排咬嚼器官为"齿"，称口腔后部上下交错的咬嚼器官为"牙"；后人将"牙""齿"混用。

汉字故事

拾人牙慧
shí rén yá huì

东晋时候,有一个名叫殷浩的人。因为他曾经当过"中军",所以被人称为"殷中军"。他曾被任命为"建武将军",统领扬州、豫州、徐州、兖州、青州的兵马,后因作战失败被罢官,并流放到信安。

殷浩很有学问,他喜读《老子》《易经》,并能引经据典,谈得头头是道。殷浩有个外甥,姓韩,名康伯,非常聪明,也善于谈吐,殷浩很喜欢他,但对他的要求却十分严格。殷浩被流放时,康伯也随同前往。

有一次,殷浩见他正在对别人发表言论,仔细一听,康伯所讲的,完全是抄袭自己的只语片言,套用自己说过的话,没有他个人的创见,却露出自鸣得意的样子。他很不高兴,说:"康伯连我牙齿后面的污垢还没有得到,就自以为了不起,真不应该。"

这就是"拾人牙慧"的故事,比喻重复抄袭别人的话语或文章。

知识密码

美丽的月牙泉——

月牙泉,古称沙井,俗名药泉,自汉朝起即为"敦煌八景"之一,得名"月泉晓澈"。南北长近100米,东西宽约25米,泉水东深西浅,最深处约5米,弯曲如新月,因而得名,有"沙漠第一泉"之称。

17 首

字里乾坤

shǒu

趣话汉字

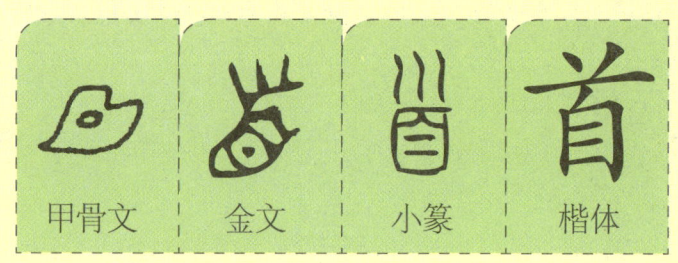

| 甲骨文 | 金文 | 小篆 | 楷体 |

首，象形字。甲骨文是"首"字的雏形，像一个羊头，有眼睛有嘴巴。金文有些变形，不太像头的样子，但眼睛还非常像。篆文头上毛发还在，到了楷书则进行简化，头上的三根毛变成了两个点，也就是我们现在看到的样子了。

汉字故事

图穷匕首见

战国末期，秦国实力强盛，攻灭了韩、赵两国后，又向燕国进军。为此，燕太子丹物色到一位勇士，名叫荆轲，他擅长剑术，是行刺秦王的最好人选。为了使荆轲能接近秦王，太子丹特地为他准备了两样秦王急于想获得的东西：一是从秦国叛逃到燕国的将领樊於(wū)期的头颅，二是燕国督亢地区的地图，表示燕国愿将这块地方献给秦国。这两样东西分别放在匣子里，行刺秦王的匕首，就放在卷着的地图的最里面。此外，还为荆轲配了一名助手，此人叫秦武阳。

秦王得知燕国派人来献两样他最需要的东西，就在都城咸阳宫内隆重接见。荆轲捧着装有樊於期头颅的匣子走在前面，秦武阳捧着装有地图的匣子跟在后面。荆轲按秦王的要求，接过秦武阳手里装有地图的匣子，当场取出地图，双手捧给秦王。秦王慢慢展开卷着的地图，细细观看。快展到尽头时，突然露出一把匕首。荆轲见匕首露现，左手抓住秦王衣袖，右手举起匕首便刺。

但是，荆轲并未刺中秦王。秦王急忙拔剑自卫，几番打斗，一剑砍断了荆轲的左腿。荆轲倒地后，仍然将匕首投向秦王，结果没有刺中，他就被拥上来的卫兵杀死了。

知识密码

《古诗十九首》——

《古诗十九首》，最早见于《文选》，为南朝梁萧统从无名氏的《古诗》中选录十九首编入。刘勰的《文心雕龙》称它为"五言之冠冕"，钟嵘的《诗品》赞颂它"天衣无缝，一字千金"。

18 心

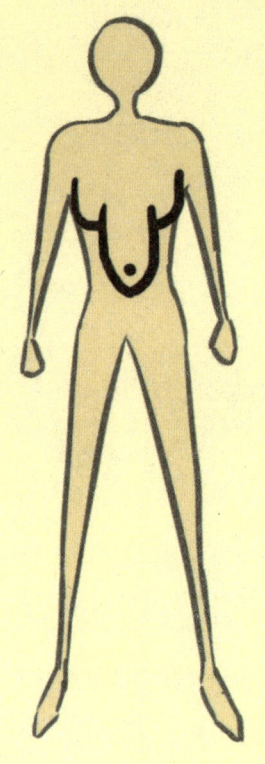

字里乾坤

xīn

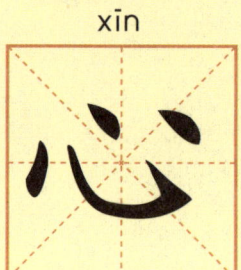

趣话汉字

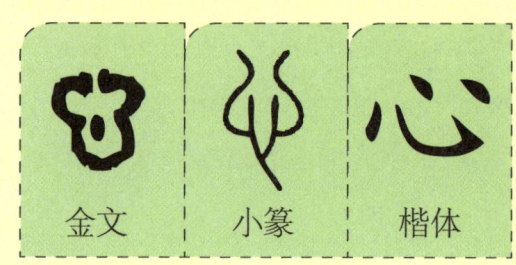

金文　小篆　楷体

　　心，象形字。金文就像人体内椭圆形的泵血器官的线描图案，篆文承续金文字形，楷书变形较大，血管形状消失，变成四笔，字形开始定型。"心"就是心脏的意思，除此之外，它还可以指一个人的心思或心意。

汉字故事

司马昭之心，路人皆知

司马昭是三国时魏国人，他父亲名叫司马懿(yì)。魏明帝曹叡(ruì)死时，托付曹爽与司马懿辅佐曹芳治理天下。曹爽与司马懿互相排挤，后来，司马懿尽诛曹爽一党，魏国军政大权自此落入司马氏手中。

司马懿死后，大儿子司马师废除了已经成年但迟迟未能亲政的曹芳，另立十三岁的曹髦(máo)为帝，权势比司马懿更大，但没多久他就病死了。司马师在病重的时候，便把一切权力交给了弟弟司马昭。

司马昭总揽大权后，野心更大，总想取代曹髦。年轻的曹髦知道自己即便做"傀儡"皇帝也休想当长，就打算铤而走险，用突然袭击的办法除掉司马昭。曹髦把跟随自己的心腹大臣找来，对他们说："司马昭之心，路人皆知。我不能白白忍受被推翻的耻辱，我要你们同我一道去讨伐他。"几位大臣都劝他暂时忍耐。但曹髦不接受劝告，亲自率领左右仆从、侍卫数百人去袭击司马昭。谁知大臣中早有人把这消息报告了司马昭，司马昭立即派兵阻截，把曹髦杀掉了。

人们用"司马昭之心，路人皆知"来说明阴谋家的野心非常明显，已为人所共知。

知识密码

佛教经典《心经》——

《般若波罗蜜多心经》简称《心经》，是般若经系列中一部言简义丰、博大精深、提纲挈领、极为重要的经典，为大乘佛教出家及在家佛教徒日常背诵的佛经。

19 身

字里乾坤

shēn

趣话汉字

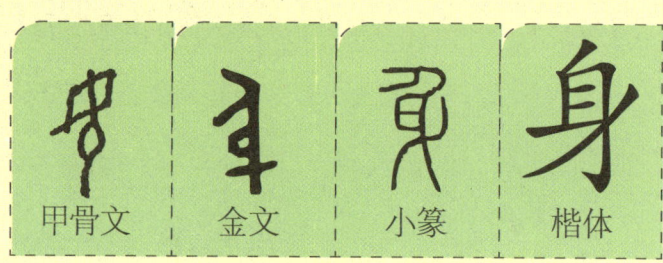

| 甲骨文 | 金文 | 小篆 | 楷体 |

身，象形字。甲骨文是一个面朝左的人，手臂向左下方伸展，中间的椭圆形就是"身子"。金文更加形象，肚子挺起来了，下部一条横线，是人的腿。从小篆开始，字形开始定型，下面的两条腿更加清楚了。

汉字故事

孔子论"杀身成仁"

春秋时,有一次孔子的弟子向孔子请教,说:"先生,您讲的仁德、忠义都是极好的。人人相爱,以仁义待人,确实是一种美德。仁德我很想得到,但活在世界上也是我的欲望。假如仁德与生命两者发生了冲突,该怎样处理呢?"

孔子严肃地回答说:"这还有什么可犹豫的呢?凡是真正的志士仁人,都不会因为贪生怕死而损害仁义,为了成全仁德,可以不顾自己的生命。"

弟子恭敬地给孔子施礼,表示敬服。这时,孔子的学生子贡又问先生说:"仁德一定是很难得到的吧?我们应当怎样去培养它呢?"

孔子回答说:"培养仁德可以从头做起。比如说,工匠要做好他的活计,必须先有得心应手的工具。居住在一个国家,应该选择那些大夫中的贤者去敬奉;对于自己来说,就应该挑选那些士人当中的仁者交朋友。这样,才会培养起仁德来。"

知识密码

断发文身——

断发文身是古代吴越一带的风俗。吴越民族截短头发,身刺花纹,以避水中蛟龙之害。它是南方海边、大河的近水居民共同的风尚,同时也是原始民族图腾崇拜的反映。

20 立

字里乾坤

趣话汉字

| 甲骨文 | 金文 | 小篆 | 楷体 |

立，指事字。甲骨文字形像是一个人站在地上，下面的一横指事符号表示的就是地面。所以，"立"就是站在地面上的意思。金文承续甲骨文字形，篆文将站着的人写成"介"形。最后，到了楷书，已彻底失去了人形。

汉字故事

程门立雪 (chéng mén lì xuě)

在一个下着大雪的日子，已经40多岁的北宋大学问家杨时与好友游酢(zuò)一起去向老师程颐求教。他们来到程颐的门外，凑巧赶上程颐正在屋中打盹儿。

杨时不想打扰老师，便劝告游酢也不要进去，以免贸然惊醒了老师。于是，他们两人就静静地立在门口，等老师醒来。

不一会儿，雪越下越大，如鹅毛一般，也越下越急，杨时和游酢却还立在雪中。游酢实在冻得受不了，几次想叫醒程颐，却都被杨时拦住了。

就这样，也不知过了多久，等程颐一觉醒来，才发现自己门外立着两个"雪人"。

知识密码

立春——

立春，是二十四节气中的第一个节气，时间在每年公历2月3～5日，太阳到达黄经315°时，同时表示着春天的开始。从这一天一直到立夏前这段时期，都被称为春天。

21. 元

字里乾坤

yuán

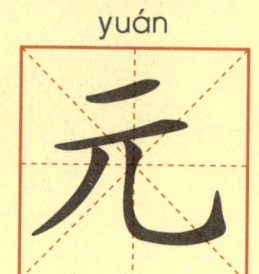

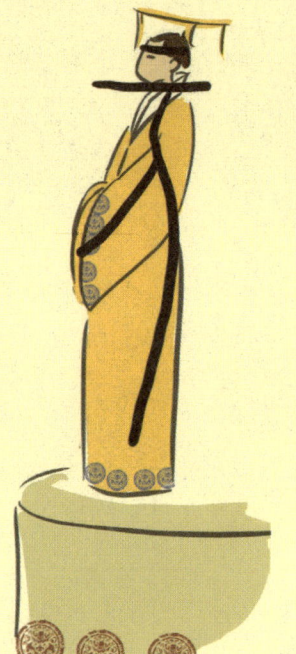

趣话汉字

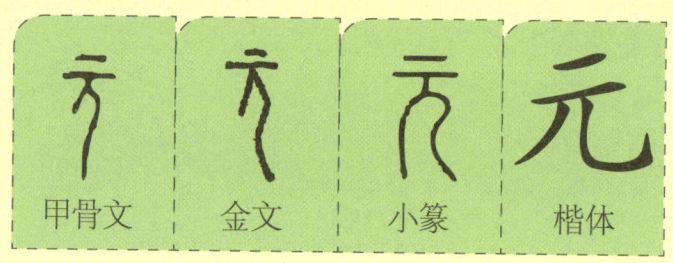

| 甲骨文 | 金文 | 小篆 | 楷体 |

元,指事字。甲骨文的下部是一个面朝左侧立的人形,最上部的一横是指事符号,表示这就是头部所在的位置。所以,"元"就是头的意思,比如元首,就是指领头人。金文和篆文继承甲骨字形,字形变动不大。到了楷书,下面的人形消失,字形开始定型。

汉字故事

连中三元的王曾

王曾是北宋名臣，相传他的父亲看见破旧经籍，就一定会整修，片言只字也不敢丢弃。一天晚上，孔子托梦给他："你如此敬惜我的书，我让曾参(shēn)投胎做你的儿子。"

没过多久，他的夫人果然有了身孕，生下一个儿子，取名为曾。二十岁出头的王曾在乡试中名列第一，也就是所谓的"解元"。此后，他被推荐进京，参加礼部主持的会试，再居榜首，称之为"会元"。接下来，还有一场由宋真宗亲自出题的殿试，题为《有教无类赋》。王曾交卷后，其中有"神龙异禀，犹嗜欲之可求；纤草何知，尚薰莸(yóu)而相假"等警句，甚得皇帝激赏，擢为第一名。这样，青年王曾便成为宋朝开国以来第一个集解元、会元、状元于一身的"三元"，攀登到了科考金字塔的塔尖上。

捷报传回王曾的家乡，官民俱引为千载难逢的荣耀。青州知州特地去他的故里，给挂上"三元坊"的金匾。有好事者就绘以桂圆、荔枝、核桃各三枚合成的纹图，取圆谐"元"，而寓三数，意为"连中三元"。

知识密码

元曲——

元曲是盛行于元代的一种文艺形式，包括杂剧和散曲。元曲是汉民族文化宝库中灿烂的花朵，它在思想内容和艺术成就上都体现了独有的特色，和唐诗、宋词、明清小说鼎足并举，成为我国文学史上一座重要的里程碑。

22 众

字里乾坤

zhòng

趣话汉字

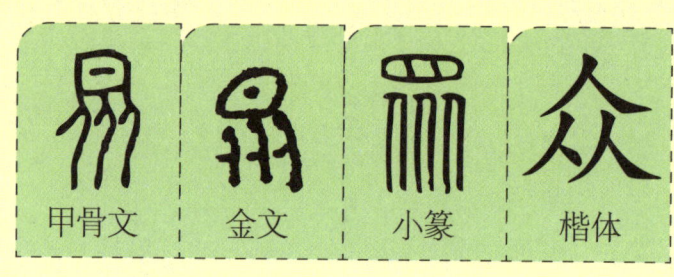

甲骨文　金文　小篆　楷体

众，会意字。甲骨文上方是"日"，烈日当空，下面有三个人在弯腰劳动。到了篆文，三个人头上的"日"变成"目"了，很像是统治者一颗铜铃般的大眼睛在监视群众劳动。后来，楷书上面部分变成了"血"形，下面已看不出三个人形。汉字简化后，为了简洁，直接变成了三个"人"的样子。

汉字故事

乌合之众
wū hé zhī zhòng

西汉末年,王莽篡(cuàn)位,后来他又被打败,刘玄称帝。扶风茂陵人耿弇(yǎn)跟随自己的父亲耿况投奔了刘玄。

没过多久,邯郸人王郎自称是汉成帝的儿子刘子舆,在西汉宗室刘休和大富豪李育等的支持下,自立为帝,建都邯郸。这时,耿弇手下的孙仓、卫包便劝耿弇投归刘子舆。

耿弇听了之后大怒,按着剑说道:"刘子舆这个反贼,我和他势不两立!等我到长安请皇上调动渔阳、上谷的兵马,从太原、代郡出击,来回几十天,便能以轻骑兵袭击那'乌合之众',势如摧枯拉朽,一定能获胜。谁要是看不清大局,去投奔那些反贼,一定会遭受到灭族杀身之祸!"

所以,乌合之众是一个用作贬义的成语,比喻一群人没有组织,像一群暂时聚合的乌鸦。

知识密码

芸芸众生——

佛教指一切有生命的东西,现在多用来指生活环境中的绝大多数人。出自《老子》第十六章:"夫物芸芸,各复归其根。"

23 血

字里乾坤

xuè

趣话汉字

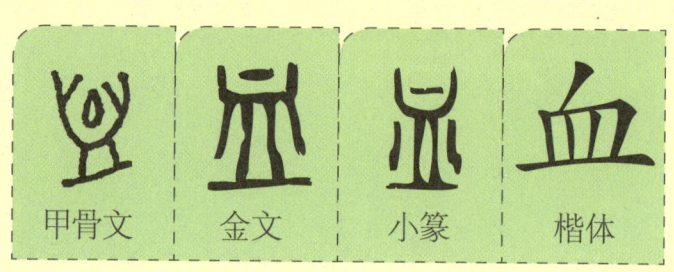

| 甲骨文 | 金文 | 小篆 | 楷体 |

血,指事字。甲骨文是一个器皿,里面有一滴液体。所以,"血"就是指祭神杀牲时滴注在器皿里的温热、艳红的血液。金文继承甲骨字形,将器皿中的液滴写成一点指事符号。最后,随着演变,楷书将表示液滴的一点写成一撇,下面是"皿",更加好看了。

汉字故事

xīn xuè lái cháo
心血来潮

明朝的陈仲琳写了部《封神演义》，里面说纣王失道失天下，文王、武王得道得天下，还有许多神奇的故事。其中有一个故事，讲的是黄飞虎。

当时，商纣王荒淫无道，已经逼死了黄飞虎的妻子，还摔死了黄飞虎的妹妹，黄飞虎心灰意冷，便去投奔西岐姜子牙。一路上，他历尽艰辛，闯过了五关，逃到潼关，不料潼关的守将、他的父亲黄滚不认他，要他去自首，飞虎逃了出来。

可是，在汜(sì)水关前，他还是被韩荣抓获了。黄滚来见韩荣，愿意和黄家几百口人一起服罪，只求留下一个孙子，可韩荣不答应，要将他们全部押解去见纣王请功。

这天，太乙真人在乾元山金光洞静坐，忽然心血来潮，感应到黄飞虎的危险境地，于是便叫过徒弟哪吒，说："黄飞虎父子有难，你下山救他一救，送出汜水关。"哪吒下了山，在汜水关前打败了韩荣，救了黄飞虎全家。

后来，人们用"心血来潮"形容突然产生某种念头。

知识密码

汗血宝马——

汗血宝马，原产于土库曼斯坦。汗血宝马的皮肤较薄，奔跑时，血管容易被看到，马的肩部和颈部汗腺发达，出汗时往往先潮后湿，对于枣红色或栗色毛的马，出汗后局部颜色会显得更加鲜艳，给人以"流血"的错觉。

24 肉

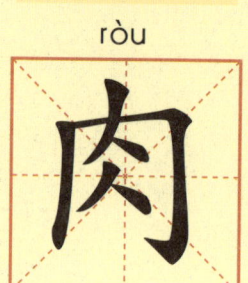

字里乾坤

ròu

趣话汉字

| 甲骨文 | 金文 | 小篆 | 楷体 |

  肉，象形字。甲骨文的字形就像一块用刀切下来的肉。随着字形演变，肉形逐渐变大，中间还加了两条线，后来又变成"仌"形，这就是我们现在看到的"肉"字。"肉"就是动物身上的肌肉，如羊肉、牛肉，它们可是逢年过节餐桌上的"常客"。

汉字故事

挂羊头卖马肉
guà yáng tóu mài mǎ ròu

春秋时，有一段时期齐国女人流行穿男装，给国家的运作带来了许多麻烦。于是齐灵公下了一道命令：凡是被发现穿男装的女人，一律剥光衣服示众，还要惩罚她家里的男人。

这可是十分严重的处罚，可是每当官兵上街巡逻，那些女人顶多是惊叫着跑开，女人穿男装的现象丝毫没有得到改变。为此，齐灵公很是烦恼，晏婴对他说："大王让宫内女子这样穿，但却在宫外禁止它，就如同在门口挂牛头却卖马肉。您为什么不让宫内女人不穿扮男人服饰呢，那么外面也就没有人敢了。"

齐灵公恍然大悟。原来，这种风尚的源头在于齐国的后宫。上自王后、齐灵公的宠妃，下至宫女，无不如此，怪不得平民要效仿，并对齐灵公的命令有恃无恐。

于是，齐灵公令宫内女人不能穿扮男人服饰，没过一个月，全国就没有女人穿扮男人服饰了。今天人们说的"挂羊头卖狗肉"的现象就是从"挂牛头卖马肉"演变而来的。

知识密码

何不食肉糜(mí)——

晋惠帝执政时期，有一年发生饥荒，许多百姓因此活活饿死。晋惠帝听完了奏报后，大为不解，说："百姓无粟米充饥，何不食肉糜？"（百姓没米饭吃，为什么不去吃肉粥呢？）这荒唐的话语成为千古笑话。

25. 尸

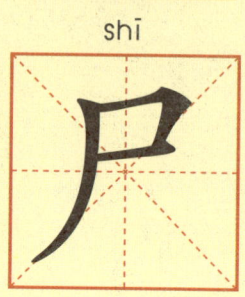

字里乾坤

shī

趣话汉字

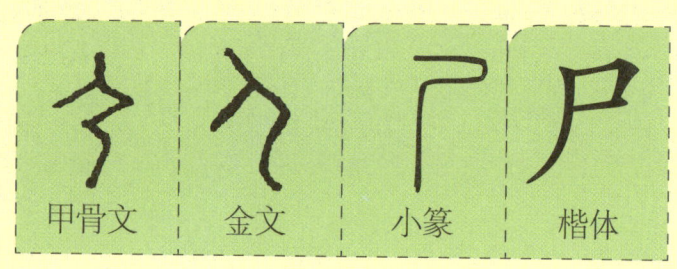

| 甲骨文 | 金文 | 小篆 | 楷体 |

尸，象形字。甲骨文像一个面朝左、曲腰弯腿的人，上部是头，中间是身子，下部是腿，左侧向左伸出的是臂。金文继承甲骨文字形，篆文去掉了手臂，已看不出人形。到了楷书，则在"尸"下加"死"，以明确"尸"是个死掉的人。汉字简化后，为了书写方便，又把下面的"死"去掉了。

汉字故事

尸位素餐
shī wèi sù cān

汉成帝的时候，有个叫朱云的人。当时，张禹是汉成帝的老师，汉成帝起初封张禹为安昌侯，后来提拔为宰相。张禹当了宰相后，整天就是饱食终日，无所事事。于是，满朝大臣们背地里就议论纷纷。

朱云看不过张禹的作为，就向皇帝参奏，说现在朝廷里有一个人，他上不能为国君献国策，下不能安抚黎民，尸位素餐，无所作为，但却在朝纲中身居要位，他就是安昌侯张禹。这一下可把汉成帝气坏了，马上吩咐人将他推出斩了。朱云到了宫殿大门，一把把门框扒住了。另外又过来两个武士，抓着朱云往外架。朱云扳着门框，把门框扳下一块来。左将军辛庆忌马上跪倒在地，边磕头边给朱云讲情。

辛庆忌居然把头磕得都流出血来了。这血一流出来，汉成帝心情也平静了许多，就这样，朱云逃脱一死。由于门框被朱云扳下一块来，有人建议抽时间修一修殿上这门框。汉成帝说："忠臣直言进谏，这个门框就作为这件事的纪念，留着不用修了。"

"尸位素餐"这个成语，用来比喻在职位上不好好干工作，无所作为。

知识密码

借尸还魂——

借尸还魂是《三十六计》第十四计。迷信的人认为，人死后灵魂可附着于别人的尸体而复活，后用于比喻已经消灭或没落的事物，又假托别的名义或以另一种形式重新出现。

26 死

字里乾坤

sǐ

死

趣话汉字

甲骨文	金文	小篆	楷体

死，会意字。甲骨文的左边是一个残骨的形状，右边是躬身下拜的一个人。对死者表示凭吊，这就是"死"。金文继承甲骨字形，只是右边的人似乎站起来了。随着字形演变，凭吊死者的形象已经完全看不出来，逐渐变成了我们今天看到的"死"字。

汉字故事

兔死狗烹
tù sǐ gǒu pēng

春秋时期,吴越之间常起争端。后来,吴国大败越国,越王勾践委曲求全向吴国求降,去吴国给吴王夫差当奴仆。在大夫范蠡(lǐ)的帮助下,越王勾践终于骗得夫差的信任。勾践将越国美女西施献给了夫差,夫差一见西施,顿时被迷住了,宠爱得不得了,逐渐放松了对勾践的监视。随后,勾践的大臣文种和范蠡又帮助勾践取得夫差的信任,还设计让夫差杀了忠臣伍子胥(xū)。

三年后,勾践被释放回国。后来,勾践终于灭掉了吴国,因范、文二人功劳卓著,便要拜范蠡为上将军,文种为丞相。但是范蠡不仅不接受封赏,还执意要离国远去。范蠡离开后,惦记着好友文种,就派人悄悄送了一封信给文种,在信上告诉他:勾践心胸狭窄,只可与他共患难,不能同他共富贵,并且说:"飞鸟尽,良弓藏,狡兔死,走狗烹。"但是,文种不相信勾践会加害自己,坚持不肯走。果然,在文种当丞相不久,勾践就让文种举剑自杀了。

兔子死尽了,就把能捉兔子的猎狗烹煮吃掉,比喻成就事业后就把有功之臣杀了,只能共患难,不能共富贵。

知识密码

死刑——

死刑,也称为极刑、处决,是世界上最古老的刑罚之一,指行刑者基于法律所赋予的权力,结束一个犯人的生命。遭受这种刑罚的犯人通常都犯了严重罪行。

27. 命

字里乾坤

míng

趣话汉字

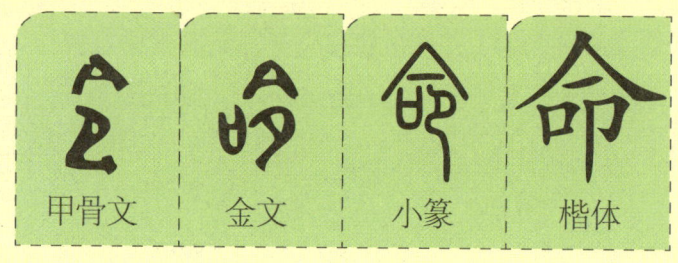

| 甲骨文 | 金文 | 小篆 | 楷体 |

命，会意字。甲骨文字形的上部是一个屋顶或大伞盖，下部是一个面朝左跪坐的人，正在发布命令。金文承续甲骨文字形，只是在人的左边再加"口"，强调是用口发布命令。篆文承续金文字形，到了楷书，字形开始定型。值得注意的是，能发布命令的人，一定是上级。

汉字故事

救人一命，胜造七级浮屠

我们常说"救人一命，胜造七级浮屠"，是指救人性命，功德无量，用以劝人行善，或向人恳求救命。句中的"浮屠"原来解作佛塔，整句的意思是：救人性命，功德无量，远胜为寺庙建造七层佛塔。其实，浮屠本是梵语的音译，意思为佛陀，指释迦牟尼。后来大概因屠字令人联想到屠宰等意思不太好的词语，所以渐渐被音近的佛陀取代。所以，浮屠既可解作佛陀，亦可解作佛塔。

塔是深受人们喜爱的建筑，也是一种纪念、礼拜用的建筑物。塔起源于印度，印度是佛教的发源地。印度最初的塔形状像坟墓，在方的平台上砌筑一座半球形的塔身，上面做成各种形状的塔尖。这样的塔在古代印度梵语中的译音叫浮屠，意思是埋葬佛的坟墓。佛骨焚化以后成了彩色晶莹的珠子，埋在浮屠里，七层的塔称作七级浮屠。

汉唐时期，塔随着佛教一起传到中国，和古代建筑结合起来，融合了中国南北各地的楼、阁、亭的特色，发展出了千姿百态的中国古塔。

知识密码

命妇——

命妇泛称受有封号的妇女，享有各种仪节上的待遇。一般指官员的母、妻，俗称为"诰命夫人"。历代封建王朝妇女的封号皆从夫官爵高低而定，是唐以后形成的制度。

28 囚

字里乾坤

qiú

趣话汉字

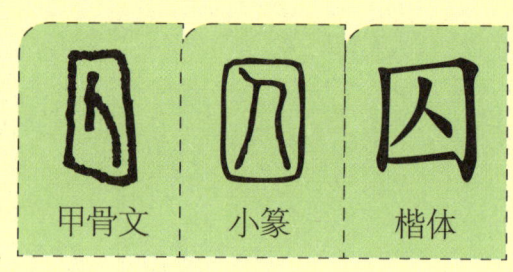

| 甲骨文 | 小篆 | 楷体 |

囚，会意字。从甲骨文字形看，周围像是一个土坑或是井，中间是面朝左立着的一个人。所以，将罪人或俘虏关起来，就是"囚"，又引申为拘禁的意思。最后，随着演变，逐渐成为我们今天看到的"囚"字。

汉字故事

楚囚南冠
chǔ qiú nán guān

春秋时，郑国在晋国的帮助下打败了楚国，俘获楚大夫钟仪。郑国将这个俘虏献给了晋国，但郑国后来又依附楚国，晋楚之间发生了战争。

有一次，晋侯视察军用仓库，见到钟仪，就问人说："戴着南方的帽子而被囚禁的人是谁？"官吏回答说："是郑人所献的楚国俘虏。"晋侯让人把他放出来，召见并且慰问他。

钟仪对晋侯的宽宏大量十分感动，晋侯说："你能演奏音乐吗？"钟仪回答说："这是先人的职责，岂敢从事于其他？"晋侯命人给他一张琴，他弹奏南方的乐调，十分伤感。晋侯又问楚王的情况，钟仪只是不作声。

后来，晋侯将见到钟仪的事告诉了范文子。范文子说："这个人说起祖业很恭敬，让他弹奏乐曲，他不忘故国，晋侯为何不放了他，让他为晋楚的友好出力呢？"

晋侯果然放了钟仪，让他回楚国了。

知识密码

"阶下囚"和"座上客"——

这两个词出现于《三国演义》第十九回：吕布为曹操所获，以绳索于白门楼上。吕布见曹操身边坐有刘备，贪生念起，并希望刘备念旧情以救之，说："公为座上客，布为阶下囚，何不发一言而相宽乎？"

29 鬼

字里乾坤

guǐ

鬼

趣话汉字

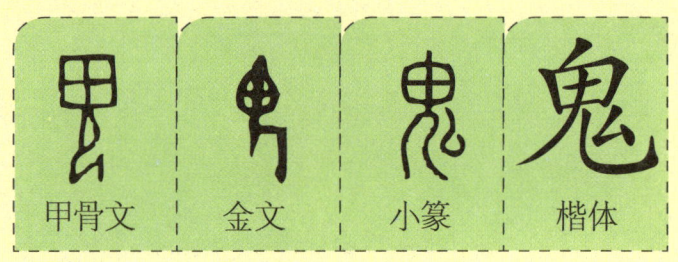

| 甲骨文 | 金文 | 小篆 | 楷体 |

鬼，指事字。甲骨文就是一个面朝左跪坐的人，上部的"田"形指事符号就是代表"鬼"，头特大而且怪异，所以"鬼"又叫"大头人"，是人死后的"精灵"。之后的字形变化不大，只是"鬼"已站了起来，最后就成为我们现在看到的样子了。

汉字故事

魑魅魍魉
chī mèi wǎng liǎng

楚庄公带兵去讨伐小国陆浑的军队，经过洛水的时候，毫无顾忌地在周王室的疆域内陈兵列阵，向周王室示威。刚刚登基的周定王只好派一位叫王孙满的去犒(kào)劳楚庄王的军队。楚庄王对王孙满一点也不客气，并且非常粗暴无礼地问："你们周室的鼎有多重啊？"

王孙满充满正气地说："鼎的大小轻重与德密切相关。从前，夏有德把远方的东西画成图像，让官员们晋献青铜铸造九鼎。把各种东西铸在鼎上，百姓可以从鼎上识别万物，哪些为神物，哪些为恶物。百姓再去打猎就不会碰上因为无知而害怕什么东西，也可以避开魑魅魍魉这些鬼怪，因此上天保佑君臣和谐，百姓安居乐业。成王在王城立鼎，按上天的意愿传世三十代，享国七百年。现在周朝虽然已经不兴盛了，但天命还起作用，所以你不该问鼎。"

在这个故事中，"魑魅魍魉"是古代传说中的鬼怪，指各种各样的坏人的意思。

知识密码

鬼门关——

鬼门关是中国神话传说中阴曹地府的一个关隘，中国民间相传农历七月是"鬼月"、七月十五日（又说七月十四日）是"鬼节"。

30. 妻

字里乾坤

趣话汉字

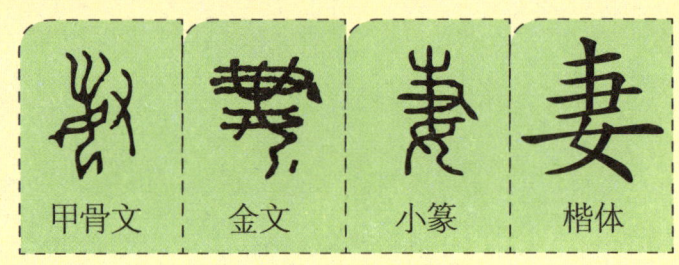

| 甲骨文 | 金文 | 小篆 | 楷体 |

妻，会意字。甲骨文字形的下部是面朝左跪着的一个妇女，头上是蓄长发的样子，右上部有一只手，整个形体就像是"捉女为妻"，这与上古的抢亲风俗有很大关系。金文和篆文继承甲骨字形，随着演变，就变成我们今天看到的样子了。

汉字故事

吴起杀妻求将

战国时代,卫国人吴起有大抱负,曾先后在鲁、魏、楚三国做官。

他在鲁国时,齐国人来攻打鲁国。鲁国因为吴起有一定的将才想要任命他做将军,率兵与齐军作战。但是,由于吴起娶了齐国女子为妻,鲁国怀疑他与齐国的关系,对任命他做将军一事迟疑不决。

没想到,吴起为了成就自己的功名,居然毫不犹豫地就把自己的妻子一刀杀死了,以此来表明自己与齐国没有什么关系。鲁国见此情景,最终任命吴起为将军。吴起做将军后,马上率兵攻打齐军,把齐国打得大败,声名很大。

然而,吴起杀妻求将的做法还是给自己的一生留下了难以磨灭的污点。很多人认为,为了成就自己的功名,忍心杀害自己的妻子,这种做法是不足取的,也足以证明吴起本人的凶狠无情。后来,人们就用"杀妻求将"来比喻那些忍心伤天害理以追求功名利禄的行为。

知识密码

一夫一妻制——

一夫一妻制也称"单偶婚""个体婚",是一男一女结为夫妻的婚姻形式,与之相对是一夫多妻、一妻多夫制。

31. 好

字里乾坤

hǎo

好

趣话汉字

| 甲骨文 | 金文 | 小篆 | 楷体 |

好，会意字。甲骨文的左边是一个半跪着的妇女，胸前抱着一个婴儿，原来多子女的母亲就是"好"。金文的左上部是一个婴儿，右边是半跪着的妇女，最上部的一小横，是妇女头上的簪饰。到了篆文，右"子"左"女"，和甲骨文一样，这就是最终的字形。

汉字故事

秦晋之好 (qín jìn zhī hǎo)

春秋时期，秦国和晋国是两个相邻的大国。秦穆公为了实现霸业，主动与晋国结好。晋献公于公元前654年将其女儿伯姬嫁给了秦穆公。这就是历史上所说的"秦晋之好"的由来。

后来，晋国发生内乱，晋献公的两个儿子夷吾和重耳分别逃往他国避难。晋献公死后，夷吾继承了王位，称为晋惠公。但他不仅不履行与秦国的承诺，而且三番五次地挑衅秦国。公元前647年，秦穆公派军与晋战于韩原，晋军大败，晋惠公被俘。晋国被迫割让河东五城，同时以太子圉(yǔ)入秦为人质。太子圉到秦国后，秦穆公为了笼络他，把女儿怀嬴嫁给了他，由此两国亲上加亲，秦国还归还了晋国河东五城。

后来，太子圉听说父亲晋惠公病重，害怕国君的位置会传给别人，就扔下妻子怀嬴，一个人偷偷跑回晋国。第二年，晋惠公死后，太子圉就成为晋国君主，这就是晋怀公，从此晋国跟秦国不相往来。秦穆公闻知此事后大怒，决定帮助重耳当上晋国国君，还要把女儿怀嬴改嫁给他。

公元前636年，秦穆公派兵护送重耳返回晋国，秦国和重耳的代表在郇(xún)会盟和谈。晋国同意立重耳为国君，公子重耳就成为了春秋五霸之一的晋文公，秦晋两国遂和好如初。

知识密码

好事多磨——

指好事情不易成就，往往会有许多波折。《儿女英雄传》："谁想好事多磨，这个当儿，张太太又吵起来了。"

32 美

字里乾坤

měi

趣话汉字

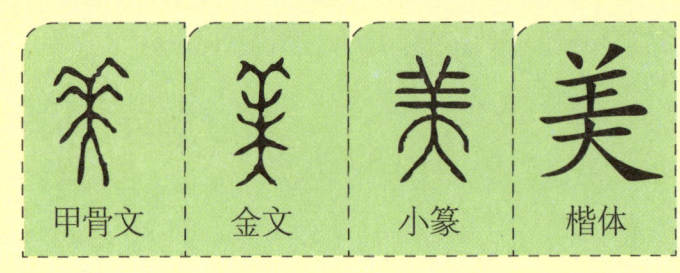

| 甲骨文 | 金文 | 小篆 | 楷体 |

美，会意字。甲骨文的下部是一个人，人的头上戴着羽毛之类的装饰物，看起来十分威风气派。金文和篆文变化不大，只是头上的饰物变得更加复杂，最后逐渐成为我们今天看到的样子。"美"就是美丽的意思，又可以引申为"味道鲜美"的意思。

汉字故事

měi lún měi huàn
美轮美奂

晋国祝贺赵文子宫室落成,晋国的大夫发礼前往致贺。

张老看过宫室后,说:"多么高大啊,多么华美啊!您将在这里祭祀奏乐,在这里居丧哭灵,在这里与国宾、宗族聚会了。"

赵文子说:"我赵武终于能够在这里祭祀奏乐,在这里居丧哭灵,在这里与国宾、宗族聚会,这就是全尸而跟从亡父葬于九原了。"于是,他向北面再拜叩头,表示感谢。

君子称他们一个善于赞美祝福,一个善于祈祷免祸。

后来,人们就从张老的话中提炼出"美轮美奂"这个词,用来表示新屋高大美观,也形容装饰、布置等美好漂亮。

知识密码

美德——

美德指美好的品德。一般来说,常见的美德包括:礼貌、忠诚、节制、勇气、正义、慷慨、怜悯、仁慈、感激、谦虚、宽容、真诚、勤奋、坚韧、积极、善良、乐观、勤俭持家等。

33 孕

字里乾坤

yùn

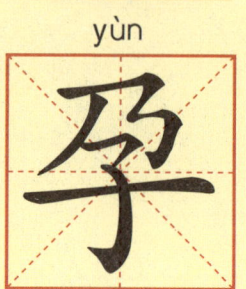

趣话汉字

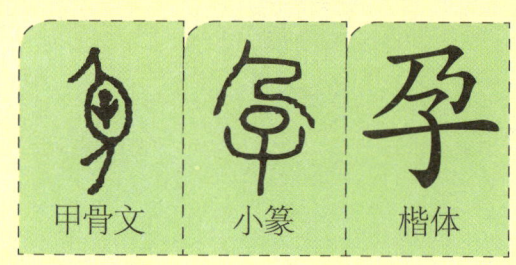

甲骨文　小篆　楷体

孕，会意字。甲骨文的外部是面朝左侧立的一个人，腹中有"子"，这就表示怀孕了。篆文继承甲骨字形，不过上部却变成了"乃"形，看不出人形，下部的"子"还依然存在。到了楷书，上"乃"下"子"，这就是我们今天看到的"孕"。

汉字故事

华胥氏
huá xū shì

上古时代，华胥国有个姑娘，是风兖(yǎn)部落的女首领，称为华胥氏。她年轻有为，与族叔风偌率族人逐水草而居，过着浪漫的游牧生活。

有一天，她来到了一个叫雷泽的地方游玩，偶尔看到了一个巨大的脚印，便好奇地踩了一下。没想到，她就这样有了身孕，并且一怀胎就怀了十二年，之后生下了一个儿子。这个儿子有着蛇的身体，人的脑袋，她将他取名为伏羲。

这就是伏羲的诞生，他的生日为每年的农历三月十八日，母亲就是伟大的"华胥氏"。中原地区直到现在还有在农历三月十八日祭祀伏羲的风俗。

知识密码

孕育——

孕育的本意是使哺乳动物在体内孕育后代。也指一样事物衍生，及帮助了另一样事物的发展生长。

34. 保

字里乾坤

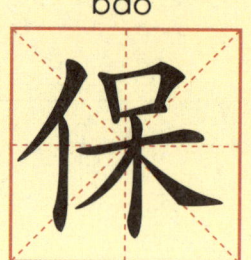

bǎo

趣话汉字

| 甲骨文 | 金文 | 小篆 | 楷体 |

保，会意字。甲骨文面朝左的是一个大人，在其背后背着一个婴儿。金文继承甲骨字形，篆文则发生较大变化，左边的大人变成了单人旁，子的下边又加了左右两点，似乎是把小腿包起来的意思。自此，"保"的字形开始定型。

汉字故事

明哲保身 (míng zhé bǎo shēn)

西周国王周宣王在位期间，朝廷中有两位大臣，一位叫尹吉甫，一位叫仲山甫，他们辅佐周宣王，立下汗马功劳。尹吉甫曾领兵打退过西北方猃(xiǎn)狁(yǔn)族的进攻，还曾奉命在成周一带征收南淮夷等族的贡赋。仲山甫是一个很有见识的人，他敢于直谏，受到大家的敬重。

当时，鲁国诸侯鲁武公有两个儿子，大儿子叫姬括，小儿子叫姬戏。周宣王武断地立戏为鲁国太子，这种废长立幼的做法，违背了当时的规矩，很容易酿成内部的动乱。仲山甫极力谏阻，周宣王不听，坚持立戏为太子，仲山甫不再坚持。后来，戏继位为懿(yì)公，鲁国人果然不服，不久就杀了鲁懿公。

周宣王曾为了防御西北各部族的进攻，命令仲山甫到齐地去筑城。尹吉甫就写了一首诗送给仲山甫，诗中赞美仲山甫的品德和才能。这首诗就是《诗经·大雅》里的《烝民》，它一共有八章，其中第四章有两句写道"既明且哲，以保其身"，就是赞美仲山甫优秀的品德和才能的。这句话就是"明哲保身"成语的来源，指明智的人善于保全自己，现在一般指因怕连累自己而回避原则斗争的处世态度。

知识密码

保甲制——

保甲是宋朝王安石始创的一种户籍编制制度。它是将若干家编成一甲，然后设甲长；若干甲又编作一保，然后设保长。这种保甲制从宋代一直沿用到新中国成立前，是统治者对人民实行层层管制的主要方式。

35. 呆

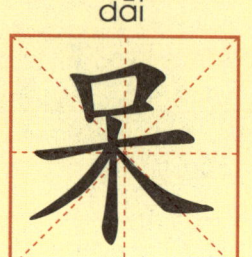

字里乾坤

dāi

趣话汉字

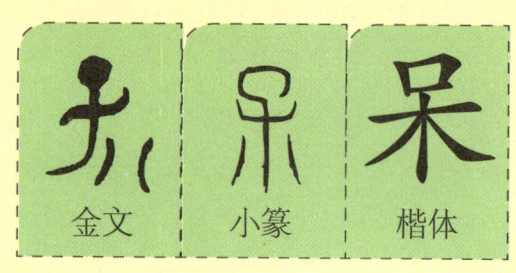

金文　小篆　楷体

呆，会意字。"呆"的本义与"保"有关，表示抚养和保护某人的意思。篆文字形看上去像是一个柔弱的呆头小孩，后来人们干脆将它认作是"痴呆"的意思，形容一个人头脑迟钝、呆头呆脑，又或者是表情迟钝、死板，譬如书呆子。

汉字故事

呆若木鸡（dāi ruò mù jī）

周朝时，周宣王是一个十分喜欢斗鸡的人，于是一个叫纪渻(shěng)子的人专门为周宣王训练斗鸡。不知不觉过了十天，周宣王问纪渻子是否训练好了，纪渻子说："大王，还没有，这只鸡表面看起来气势汹汹，其实没有什么底气。"周宣王点了点头。

又过了十天，周宣王再次前来询问，纪渻子说："大王，还不行，因为它一看到别的鸡的影子，马上就紧张起来，说明还有好斗的心理。"又过了十天，周宣王实在忍耐不住，再次去问，但还是不行，因为纪渻子认为这只鸡还有些目光炯炯，气势未消。

这样又过了十天，纪渻子终于说："大王，差不多了，它已经有些呆头呆脑、不动声色，看上去就像木头鸡一样，说明它已经进入完美的精神境界了。"周宣王有点不相信，立马把这只鸡放进斗鸡场。结果，别的鸡一看到这只"呆若木鸡"的斗鸡，竟然掉头就逃。

原来，"呆若木鸡"并不是真的呆，只是看着呆，实际上却有很强的战斗力，貌似木头的斗鸡根本不必出击，就可以让其他的斗鸡望风而逃。原来，斗鸡的最高境界是"呆若木鸡"。

知识密码

书呆子——

书呆子泛指那些只知道死读书，信奉教条主义，书生气很浓，同时不谙世故的人，一般指只会读书而不会用书上的知识变通的人。

36. 安

字里乾坤

ān

趣话汉字

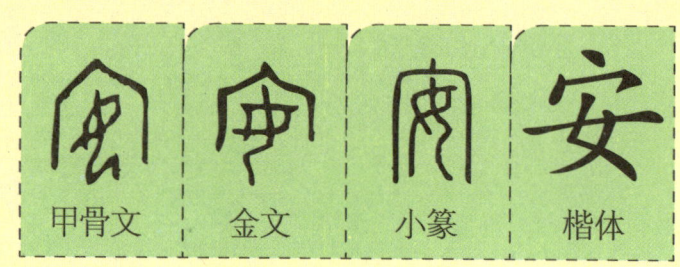

| 甲骨文 | 金文 | 小篆 | 楷体 |

安，会意字。甲骨文字形的外面是一座房子，房子里面坐着一位面朝左的少女，把房门一关，就是"女居室中为安"。接下来的金文和篆文皆继承甲骨文字形，表示屋内有女人就平安舒适的意思。

汉字故事

ān bù dàng chē
安步当车

战国时，齐国有位高士名叫颜斶(chù)。齐宣王慕他的名，把他召进宫来。颜斶来到殿前的阶梯处，就不再行进。宣王很奇怪，几次让他过来，颜斶还是一步不动，还呼唤宣王过去见他。宣王听了很不高兴，颜斶说："我如果走到大王面前，说明我羡慕他的权势；如果大王走过来，说明他礼贤下士。与其让我羡慕大王权势，还不如让大王礼贤下士的好。"

大臣们忙来解围："我们大王拥有千乘之国，东西南北谁不服？大王想要什么就有什么，没有人不俯首听命的。"颜斶驳斥道："大禹的时候，诸侯有万国之多，因为他尊重士人。如今，称孤道寡的才二十四个。由此看来，重视士人与否是得失的关键。所以君父要以不经常向人请教为羞耻，以不向地位低的人学习而惭愧。"

宣王听到这里，才觉得自己理亏，就想让颜斶住在这里，出门必有车乘。颜斶却辞谢说："玉原来产于山中，一经匠人加工就会破坏；士人生在穷乡僻壤，一选拔上来就会享有利禄；不是说他不能高贵显达，但他外来的风貌和内心世界会遭到破坏。所以我希望大王让我回去，每天晚点吃饭，也像吃肉那样香，安稳而慢慢地走路，足以当作乘车，清静无为，纯正自守，乐在其中。"颜斶说罢，向宣王拜了两拜，就告辞离去。

知识密码

唐宋八大家之一王安石——

王安石，字介甫，号半山，人称半山居士，是北宋丞相、新党领袖，中国历史上杰出的政治家、思想家、文学家、改革家，唐宋八大家之一，传世文集有《王临川集》《临川集拾遗》《临川先生文集》等。

37 孝

字里乾坤

xiào

趣话汉字

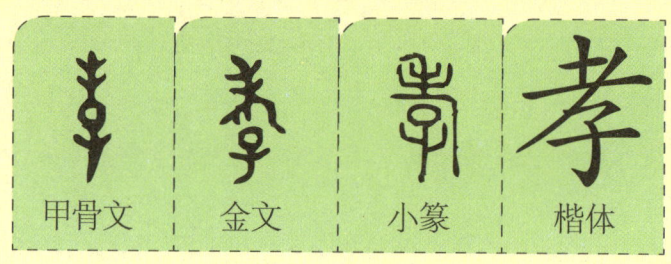

| 甲骨文 | 金文 | 小篆 | 楷体 |

孝，会意字。甲骨文字形就像一个长着长头发的老人。金文的上部是一个面朝左、长着长头发的驼背老人，老人的下面有一个小孩子，老人的手按着小孩的头，小孩用头扶持着老人。所以，小孩子扶着老人就是"孝"。随着演变，字形上部变得越来越不像一个老人，下面的"子"不变，逐渐变成我们今天看到的字形。

汉字故事

芦(lú)衣(yī)顺(shùn)母(mǔ)

闵(mǐn)损，字子骞(qiān)，春秋时期鲁国人，孔子的弟子，在孔门中以德行与颜渊并称。孔子曾赞扬他说："孝哉，闵子骞！"（《论语·先进》）他生母早死，父亲娶了后妻，又生了两个儿子。继母经常虐待他，冬天，两个弟弟穿着用棉花做的冬衣，却给他穿用芦花做的"棉衣"。一天，父亲出门，闵损牵车时因寒冷打颤，将绳子掉落地上，遭到父亲的斥责和鞭打，芦花随着打破的衣缝飞了出来，父亲方知闵损受到虐待。父亲返回家，要休逐后妻。闵损跪求父亲饶恕继母，说："留下母亲只是我一个人受冷，休了母亲，三个孩子都要挨冻。"父亲十分感动，就依了他。继母听说后，悔恨知错，从此对待他如亲子。

知识密码

二十四孝——

孝感动天、戏彩娱亲、鹿乳奉亲、百里负米、啮指痛心、芦衣顺母、亲尝汤药、拾葚异器、埋儿奉母、卖身葬父、刻木事亲、涌泉跃鲤、怀橘遗亲、扇枕温衾、行佣供母、闻雷泣墓、哭竹生笋、卧冰求鲤、扼虎救父、恣蚊饱血、尝粪忧心、乳姑不怠、弃官寻母、涤亲溺器。

38. 家

字里乾坤

jiā

家

趣话汉字

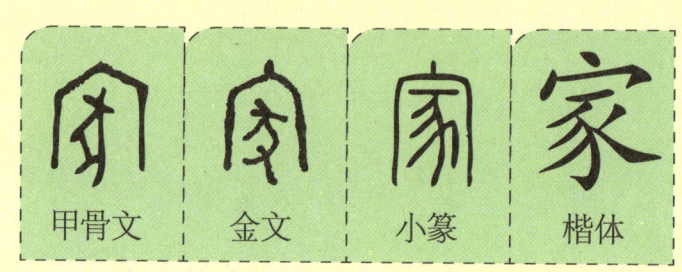

| 甲骨文 | 金文 | 小篆 | 楷体 |

家，会意字。甲骨文字形外面是一个房屋，里面是一头猪。古代生产力低下，人们多在屋子里养猪，所以房子里有猪就成了人家的标志。金文略有变形，篆文继承金文字形，字形开始定型。

汉字故事

谢家宝树
xiè jiā bǎo shù

东汉以后，谢氏成为望族，世称"崔卢王谢"，为"四海大姓"之一。东晋时期是谢族的鼎盛时期，谢家在朝廷做官的很多，可谓满门称贵，显赫朝堂，宰相谢安、都督谢石、名将谢玄均出自一门。

有一天，谢安在教育子侄时说："子弟亦何豫人事，而正欲使其佳？"意思是说，做父兄的为什么总要教育自己的子弟，使他们往好的方向发展？在座的其他人都回答不出来，只有谢玄答道："譬如芝兰玉树，乐其生于庭阶耳。"意思是说，好的子弟好比芝兰玉树，父兄想让这些好花萃树栽在自己的庭院里，为家门增添光彩。

听了这得体的回答，谢安心中很高兴。从此以后，谢玄一支族人就以"宝树堂"为堂号，声名更加远播。

知识密码

道家——

春秋时期，老子总结了古老的道家思想的精华，形成了"无为无不为"的道德理论。道家以"道"为核心，认为天道无为，主张道法自然，提出无为而治，崇尚贵虚守雌，追求天人合一的境界。

39. 婴

字里乾坤

yīng

婴

趣话汉字

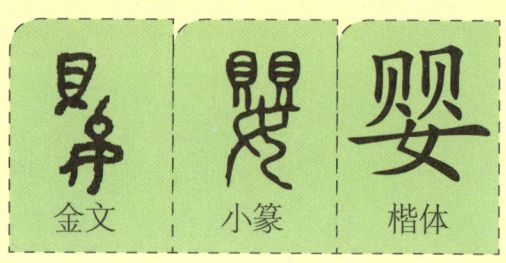

| 金文 | 小篆 | 楷体 |

婴，会意字。金文上部是一只贝，下部是一个女人的样子，表示妇女颈上挂着由贝做成的装饰品。篆文继承金文字形，上部变成两个贝，意义不变。后来汉字简化，将上面的两个"贝"字形简化，就形成今天看到的样子。"婴"就是上古用贝做成的项链，因小孩脖子上也会缠绕项链，所以"婴"还可以表示婴儿的意思。

汉字故事

弃璧负婴
qì bì fù yīng

林回是贾国人。有一次,强大的晋国向弱小的贾国发动进攻,贾国军队无力抵抗,都城很快就失守。城中的百姓纷纷逃出都城。林回身怀玉璧,背着自己刚满周岁的儿子随着人流逃难,不一会儿,他便累得气喘吁吁。他果断地把身上的玉璧扔掉,背着孩子继续逃难。有人问他:"对于一个逃难的人来说,财宝是最为重要的,不然你逃出去后将无法生活;其次,拖累要越少越好。这孩子既不值钱,背在身上又是很大的累赘,可是你却宁愿把价值千金的玉璧丢掉,背着孩子逃难,这是为什么呢?"

林回平静地回答说:"我和玉璧只是利益的结合,而这孩子却是我的亲生骨肉,我和他血肉相连,有着天然的联系。这种父子之情,是任何珍贵的财宝所无法代替的。"林回说完,又继续随着人流向前逃去。

后来,"弃璧负婴"这一典故用来表示重视内在的、自然的联属关系。

知识密码

晏婴——

晏子,名婴,是春秋时齐国夷维人,历任齐灵公、齐庄公、齐景公三朝的卿相,辅政长达50余年。他头脑机灵,能言善辩,留下了很多佳话。

40 寿

字里乾坤

shòu

趣话汉字

小篆　楷体

　　寿，会意字。从字体看，篆文的上半部分像是一个头部毛发很长的老人，中间是一个回旋状的东西，表示无限延伸，下面是一个"口"字，有对长命老人祝贺之意。后来汉字简化，就将下面的"口"去掉，上面部分加以简化，也就成了我们今天看到的"寿"字。"寿"就是活得长久，生命不断延续的意思，生活中有"寿礼""祝寿"一说。

汉字故事

寿比南山
shòu bǐ nán shān

很久很久以前，有一年琼州突然间天昏地黑，电闪雷鸣，倾盆大雨一直下了七天七夜。第八天，只听轰隆一声巨响，天崩地裂，琼州脱离了中国大陆，成了一个岛屿。琼州岛上的生灵死的死，伤的伤，所有的河流都改了道，所有的山脉都变了形。奇怪的是，只有南山安然无恙，一根草一棵树也没有损坏，住在南山上的人一个也没有受伤，更没有死亡。传说，经历了这次天崩地裂的南山人，都活了几百岁，最后都成了仙。

公元748年，鉴真师徒等35人从扬州启航，第五次渡海时遇到飓（jù）风，漂流万里到振州宁远河口（今海南三亚市海山奇观风景区一带），已经一点力气也没有了。南山上的人们发现了他们，把他们救了起来。他们一着南山的地，就立即睁开了眼，精神也来了。他们在振州居住了一年多，修造大云寺，传播佛教文化。

这些奇怪的事一传十，十传百，因此人们都把南山叫作仙山，上南山来玩和居住的人也越来越多。传说，到过南山的人有病去病，无病健身，个个长寿。人们常用"寿比南山"来祝福他人长寿。

知识密码

寿星——

寿星，星名，中国神话中的长寿之神，为福、禄、寿三星之一，又称南极老人星。古人将寿星看作长寿老人的象征，常衬托以鹿、鹤、仙桃等。

41 尤

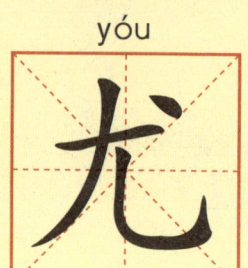

字里乾坤
yóu

趣话汉字

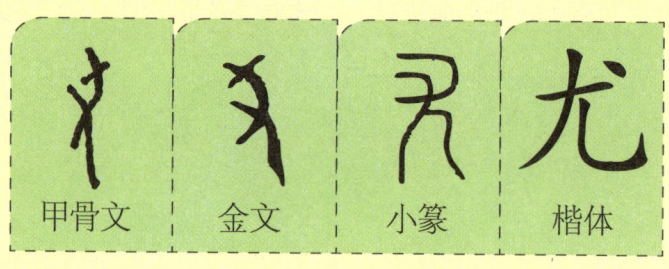

| 甲骨文 | 金文 | 小篆 | 楷体 |

尤，指事字。甲骨文字形像是一只右手的手指，上面有一横指事符号，意思是生了一个肉瘤。所以，"尤"的本义就是特异、不正常的意思。金文继承甲骨字形，篆文继承金文字形，但已经看不出手的样子了。最后，到了楷书，就演化成一个与手完全无关的"尤"。

汉字故事

怨天尤人
yuàn tiān yóu rén

有个荆州人叫杨大同,祖父留给他的财产颇为丰厚。因为他沉溺于饮酒,又喜欢嫖娼赌博,以致家财挥霍尽了,贫穷困苦。杨大同不反过来责备自己,反而怨恨天道不公平,整日怨天尤人。

有一天,他正在怅然叹息,忽然有一位少年敲开门,进到他家里。少年对杨大同说道:"你想发迹的话,应当跟我走,现在有一处好地方,可以立刻取得富贵,你能够跟随我吗?"杨大同很高兴,愿意跟随。那位少年于是拿出钱买了酒,与杨大同开怀大饮。

到了半夜,少年让杨大同取出笔和砚台,在墙壁间画了一个门,将水含在口里喷出,念了咒语,门忽然开启了。少年拿着蜡烛在前边走,杨大同在后面跟着。来到一个地方,只见房屋台阶宏大宽敞,铺设的东西华贵美丽。少年打开箧(qiè)子,全是金银珠玉,指着对杨大同说道:"你既然忧虑贫穷,为什么不拿走它?"杨大同于是尽己所能拿取它们。少年忽然吹灭蜡烛,不见了。

杨大同在黑暗中寻找不到回路,忽然听到几个人大声呼喊捉贼,将他用绳子捆住,原来是在一个巨富的家里。杨大同被送到官府,他不能够讲清原因,被打死在杖下,还不知道那位少年是什么人。

知识密码

蚩尤——

蚩尤是中国上古时期的九黎部落首领,苗族的祖先,因在涿鹿之战中与黄帝交战而闻名。他在战争中显示的威力,使其成为战争的同义词,尊之者以之为战神,斥之者以之为祸首。

42 孔

字里乾坤

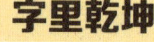

趣话汉字

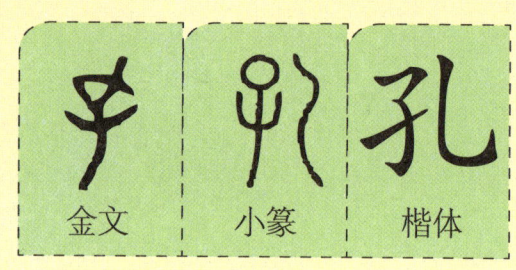

| 金文 | 小篆 | 楷体 |

孔，指事字。从金文看，是一个"子"字，在头部加一道弧线指事符号，代表扎束成辫的头发。在古代，将发辫在头上盘成圈是男子的成年标志。到了篆文，则将发辫写成"乙"，并与头部分离。随着演变，到了楷书，"子"字的"头颅"形象已变得不像，这就是今天的"孔"字。

汉字故事

孔席不暖,墨突不黔
kǒng xí bù nuǎn　mò tū bù qián

孔子是春秋末期著名思想家、教育家,社会声誉很高。相传他有弟子三千人,贤弟子七十二人,曾带领着部分弟子周游列国。孔子为了推行自己的思想,到处奔走,每到一个地方,屁股下的坐席还没有坐暖,他就赶忙起身,匆匆奔赴下一个目的地,连居住的问题都没有时间顾及。

战国时期还有一个墨子,他是墨家学派的创始人,反对恃强欺弱的战争,呼吁平等互爱。他也是经常奔走在各个诸侯国之间,到处宣传他的"非战"主张。由于他四处奔走,每至一地,烟囱尚未熏黑,就又到别处去了,竟然从来没有一个固定长住的住处。

这就是"孔席不暖,墨突不黔"的来历,形容忙于世事,各处奔走。

知识密码

孔门十哲——

孔子有弟子三千人,其中不乏优秀者。孔门十哲指的是孔子门下最优秀的十位学生,他们分别是子渊、子骞、伯牛、仲弓、子有、子贡、子路、子我、子游和子夏。

43 亦

字里乾坤

趣话汉字

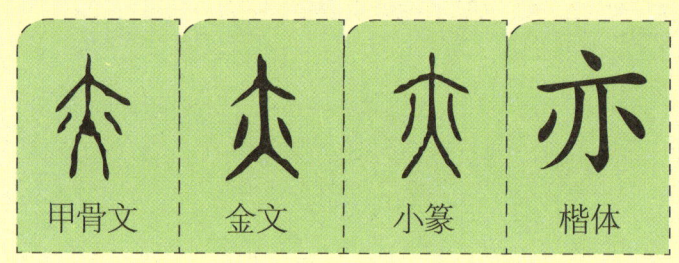

| 甲骨文 | 金文 | 小篆 | 楷体 |

亦，指事字。甲骨文字形像是正面站着的一个人，在这个人的两臂之下有两个点，是指事符号，表示这里就是腋下的意思。之后的字形都继承甲骨文字形，变化不大，最后就变成我们现在看到的样子。今天，"亦"表示腋下这个含义已经消失，更多的是作为"也"的含义使用。

汉字故事

水能载舟，亦能覆舟
（shuǐ néng zài zhōu，yì néng fù zhōu）

战国时，著名思想家荀况在他的不朽著作《荀子·王制》中说："君者，舟也；庶人者，水也；水则载舟，水则覆舟。"意思是说：统治者像是一条船，而广大的民众犹如河水，水既可以把船载负起来，也可以将船淹没掉。

唐贞观后期，魏徵在著名的《谏太宗十思疏》中也说："怨不在大，可畏惟人。载舟覆舟，所宜深慎。"意思是说：怨恨不在于大小，可怕的只在人心背离。水能载船也能翻船，所以应该高度谨慎。

唐太宗对荀子和魏徵的这一观点十分欣赏，在与君臣讨论国家的治理问题时，多次引用和发挥了这一观点。荀子、魏徵和唐太宗都深深懂得人民的力量是极其伟大的，懂得依靠人民力量的重要性。

知识密码

盗亦有道柳下跖 (zhí)——

柳下跖，鲁国大夫柳下惠之弟，传说中的大盗，春秋末著名的奴隶起义领袖。他盗亦有道，却被历代统治者骂作盗跖。

44 央

字里乾坤

yāng

趣话汉字

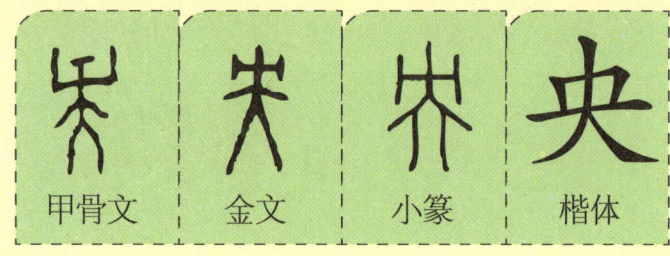

| 甲骨文 | 金文 | 小篆 | 楷体 |

央，指事字。甲骨文的中间是一个人，头上有一横指事符号，表示高而且平，而且他正站在一个物体的中间。所以，"央"就是正中间的意思，比如"中央"。金文继承甲骨字形，省去了头上一横。随着演变，中间的人形消失，逐渐变成现在看到的"央"字。

汉字故事

未央宫斩韩信
(wèi yāng gōng zhǎn hán xìn)

汉朝建立没多久，陈豨(xī)就反叛了。刘邦亲自率领兵马平叛，韩信托病没有随从，并暗中派人到陈豨那里，说："只管起兵，我在这里协助您。"韩信就和家臣商量，夜里假传诏书，赦免了各官府服役的罪犯和奴隶，打算发动他们去袭击吕后和太子。

部署完毕，韩信等待着陈豨的消息。他的一位家臣得罪了韩信，韩信把他囚禁起来，打算杀掉他。家臣的弟弟上书告变，向吕后告发了韩信准备反叛的情况。吕后打算把韩信召来，又怕他不肯就范，就和萧相国谋划，令人假说从皇上那儿来，说陈豨已被俘获处死，列侯群臣都来祝贺。此时萧相国欺骗韩信说："即使有病，也要强打精神进宫祝贺吧。"

韩信没有怀疑，刚一进宫，吕后就命令武士把韩信捆起来，在未央宫里杀掉了。韩信在临斩时还说："我后悔没有采纳蒯(kuǎi)通的计谋，以致被妇女小子所欺骗，难道这不是天意吗？"吕后心中气愤，于是诛杀了韩信三族。

知识密码

未央宫——

未央宫，西汉时皇家宫殿，位于陕西西安西北约3千米处，建于长安城西南角，为长安城地势最高之处。

45. 兮

字里乾坤

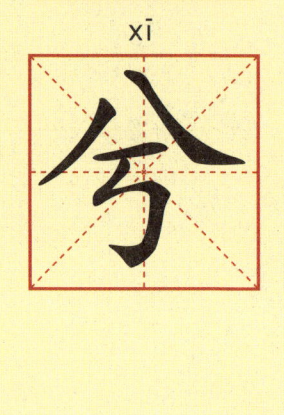

xī

趣话汉字

| 甲骨文 | 金文 | 小篆 | 楷体 |

兮，指事字。甲骨文中间是一条横线，上面的两竖是指事符号，表示说话时声音从口中发出的意思。之后的字形继承甲骨字形，变化不大。"兮"的本义就是指声音延续，是个语气词，多用于句尾表示感叹。

汉字故事

兮甲盘
xī jiǎ pán

兮甲盘是西周时期的青铜器，宋代出土，铭文共有一百三十三字，记述了兮甲，也就是尹吉甫随从周宣王征伐猃狁，对南淮夷征收赋贡的事。铭文记载如下：

周宣王五年三月庚寅日，宣王最初下令讨伐猃狁，逐之太原。兮甲吉甫遵王命，攻克敌人，得胜归来。宣王赏赐兮甲吉甫四匹良马、一辆车，又命兮甲吉甫东去成周洛阳掌政执法，责令四方交纳粮赋。

至于南淮夷、淮夷，原来向我周朝交纳贡帛的农人，不得欠缴贡帛、粮赋。他们的来往、经商，不得扰乱地方和市肆。若胆敢违反周王的法令，则予以刑罚、征讨。特提请我周朝各地诸侯、百姓，从事商贸应在规定的市肆进行，不得到荒蛮偏僻的地方去做生意，否则，也要给予处罚。兮伯吉父特作此盘记载。其年寿万年无疆，子子孙孙永宝用。

知识密码

《归去来兮辞》——

《归去来兮辞》是东晋文学家陶渊明创作的抒情小赋，也是一篇脱离仕途回归田园的宣言，"木欣欣以向荣，泉涓涓而始流"是其中名句。

46 只

字里乾坤

zhǐ

趣话汉字

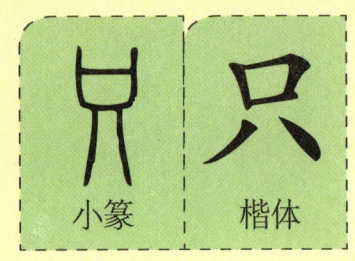

小篆　楷体

只,指事字。篆文上面是一个"口"形,下面加两竖作为指事符号,表示话已说完,呼出的气向下。楷书继承篆文字形,基本没有变化。由此可见,"只"本来是个语气词,后来这个意思消失,被用来指量词,比如一只鸡;同时还有"单独"的意思,比如"只言片语"。

汉字故事

只许州官放火，不许百姓点灯

北宋时，有个州的太守名叫田登，为人专制蛮横，因为他的名字里有个"登"字，所以不许州内的百姓在谈话时说到任何一个与"登"字同音的字。于是，只要是与"登"字同音的，都用其他字来代替。谁要是触犯了他这个忌讳，便要被加上"侮辱地方长官"的罪名，重则判刑，轻则挨板子。不少吏卒因为说到与"登"同音的字，都遭到鞭打。

一年一度的元宵佳节即将到来，依照以往的惯例，州城里都要放三天焰火，点三天花灯表示庆祝。州府衙门要提前贴出告示，让老百姓到时候前来观灯。可是这次告示怎么写呢？用上"灯"字，要触犯太守；不用"灯"字，意思又表达不明白。写告示的小官员只能把"灯"字改成"火"字。这样一来，告示上就写成了"本州依例放火三日"。

告示贴出后，老百姓看了都惊吵喧闹起来，还真的以为官府要在城里放三天火呢！大家纷纷收拾行李，争相离开这是非之地。当地的老百姓，平时对于田登的专制蛮横无理已经是非常不满，这次看了官府贴出的告示，更是气愤万分，愤愤地说："只许州官放火，不许百姓点灯，这是什么世道！"

知识密码

只争朝夕——

朝：早晨；夕：晚上；朝夕：形容时间短暂。比喻抓紧时间，力争在最短的时间内达到目的。毛泽东《满江红·和郭沫若同志》："天地转，光阴迫。一万年太久，只争朝夕。"

47 曰

字里乾坤

yuē

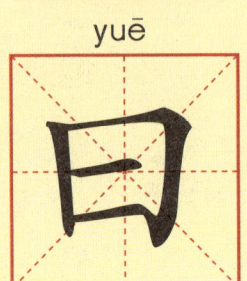

趣话汉字

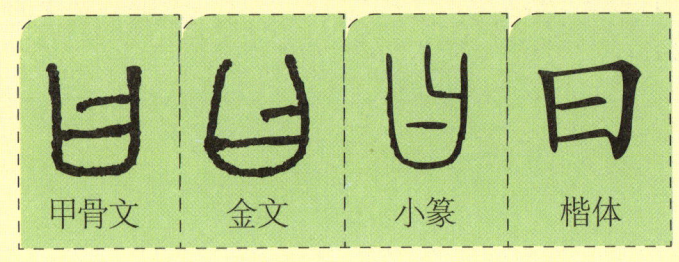

甲骨文　金文　小篆　楷体

　　曰，指事字。甲骨文的下部是一张"口"，上面加了一短横指事符号，表示说话时从口中出来的气。金文承续甲骨文字形，篆文字形突出了表示说话动作的指事符号。最后到了楷书，这个字被写成了与"日"相似的字形。古人常说"子曰"这个词，就是表示开口说话的意思。

汉字故事

子曰(zǐ yuē)

孔子有一个学生叫子路，他曾经问孔子："要怎样才能成为一个君子呢？"

孔子告诉他说："好好修炼自己，保持严肃恭敬的态度。"

子路一听，做到这样就能当君子了？不会这么简单吧？于是又追问："这样就行了吗？"

孔子又补充了一点，说："修炼好自己的前提下，再想法让别人安乐。"

子路显然还不满足，又追问："这样就行了吗？"

孔子又补充说："修炼自己，并让百姓过上幸福的生活，像尧、舜这样的圣贤之君还发愁在这件事情上没有做好呢。做到这一点，难道还不够做君子吗？"

知识密码

子曰诗云——

　　子，指的是孔子；诗，指的是《诗经》；曰和云，都是表示说的意思。所以，"子曰诗云"就是泛指儒家言论的意思。

48 今

字里乾坤

趣话汉字

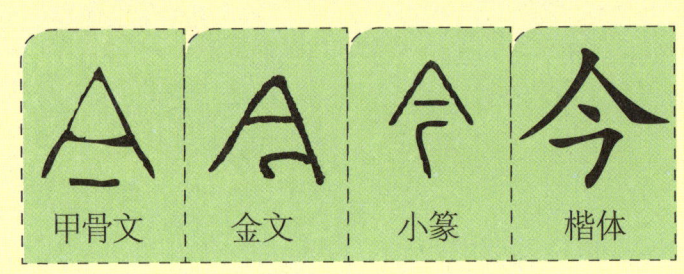

| 甲骨文 | 金文 | 小篆 | 楷体 |

今，指事字。倒写、反写是古代特殊的指事造字法，今的甲骨文字形正是"曰"的倒写。随着演变，上部的口型发生变形，下面的一横也变得弯曲，逐渐成为我们今天看到的样子。值得注意的是，"今"表示的是低头模模糊糊地自言自语，这个意义已经消失，现在指目前、此刻的意思。

汉字故事

借古讽今
jiè gǔ fěng jīn

泊秦淮

（唐）杜牧

烟笼寒水月笼沙，夜泊秦淮近酒家。
商女不知亡国恨，隔江犹唱《后庭花》。

译文：

迷离月色和轻烟笼罩寒水和白沙，
夜晚船泊在秦淮靠近岸上的酒家。
卖唱的歌女不懂什么叫亡国之恨，
隔着江水还高唱着《玉树后庭花》。

《泊秦淮》是一首借古讽今诗。诗人夜泊秦淮，触景生情，前两句写秦淮夜景，后两句抒发感慨，借陈后主（陈叔宝）因追求荒淫享乐终至亡国的历史，讽刺那些不从中吸取教训而醉生梦死的晚唐统治者，表现了作者对国家命运的无比关怀和深切忧虑的情怀。

知识密码

《古今图书集成》——

《古今图书集成》，全书共10000卷，目录40卷，原名《古今图书汇编》，是清朝康熙时期由陈梦雷编辑的大型类书。本书编辑历时28年，共分6编32典，是现存规模最大、资料最丰富的类书。

49 乎

字里乾坤

hū
乎

趣话汉字

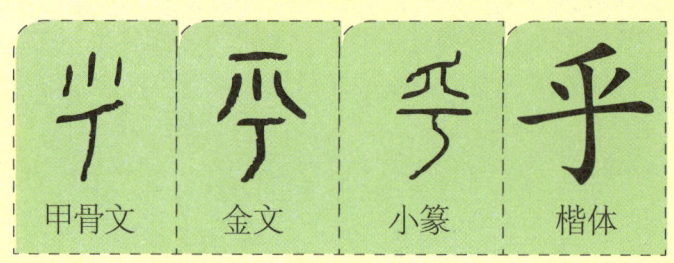

甲骨文　金文　小篆　楷体

乎，指事字。甲骨文的下部表示舒气，上部的三点指事符号表示声音上扬。所以，"乎"就是吐气的意思，后来作为语气词。金文继承甲骨字形，只是在最上面加了一横。篆文将金文字形减去一点，最后楷书将金文字形中上部的点与下部的竖连写，就形成今天看到的"乎"字。

汉字故事

赵匡胤和之乎者也

宋朝的开国皇帝赵匡胤是个武将，文化功底不高，当上皇帝以后，准备拓展外城。

有一天，他来到朱雀门前，一抬头，就看见门额上写着"朱雀之门"四个字。他看了又看，觉得十分别扭，就问身旁的大臣赵普："为什么不写'朱雀门'三个字，偏写'朱雀之门'四个字？多用一个'之'字有什么用呢？"

赵普告诉他说："这是把'之'字作为语助词用的。"

赵匡胤听后哈哈大笑，说："之乎者也这些虚字，能助得什么事情啊！"

后来，在民间便流传一句谚语："之乎者也已焉哉，用得成章好秀才。"

知识密码

之乎者也——

之乎者也，是古汉语的文言助词，在南方方言中依然沿用，只是因为汉字和古汉音的脱离，一般不再用本字记录，而是用诸如"切、滴、的、噶、咯、啥、哈、呀、耶"这些汉字来标注。

50. 司

字里乾坤

sī

司

趣话汉字

| 甲骨文 | 金文 | 小篆 | 楷体 |

司，指事字。甲骨文的左下部是一个人的嘴巴，右边是手指朝上又向左弯的一只手，中间一横表示拿手遮在口上，表示发布命令。之后的字形都继承甲骨字形，沿用至今。由"发布命令"这个意义，"司"还可以引申为主管或掌管的意思，如古代官名"司徒"。

汉字故事

司马迁与《史记》

司马迁是一个伟大的历史学家，写作的《史记》被赞为"史家之绝唱，无韵之《离骚》"。汉武帝时，司马迁因为给被匈奴俘虏的李陵求情而被判宫刑。但他化悲愤为力量，为了父亲穷尽一生也未能完成的理想，在坚忍与屈辱中，完成那个属于太史公的使命。

司马迁有一个女儿，嫁给了杨敞。杨敞在汉昭帝刘弗陵时期，曾官至宰相。杨敞有两个儿子，大儿子杨忠，小儿子杨恽（yùn）。杨恽自幼聪颖好学，他的母亲便把自己珍藏并且深爱着的《史记》拿出来给他阅读。

杨恽初读此书，便被书中的内容吸引住了，爱不释手，一字字、一篇篇，非常用心地把它读完。杨恽成年之后，还把它读了好几遍，每读一遍总是热泪盈眶，扼腕叹息。在汉宣帝的时候，杨恽被封为平通侯，这时候他看到当时朝政清明，想到他的外祖父司马迁这部巨著正是重见天日的时候，于是上书汉宣帝，把《史记》献了出来。

从此，天下人就都可以共读这部伟大的史著了。

知识密码

司南——

司南是中国古代辨别方向用的一种仪器，最早出现于战国时期，用天然磁铁矿石琢成一个勺形的东西，放在一个光滑的盘上，盘上刻着方位，利用磁铁指南的作用，可以辨别方向，是现在所用指南针的始祖。

51. 臣

字里乾坤

chén

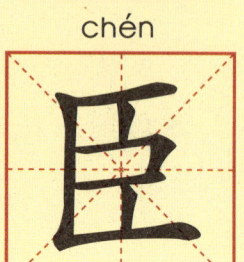

趣话汉字

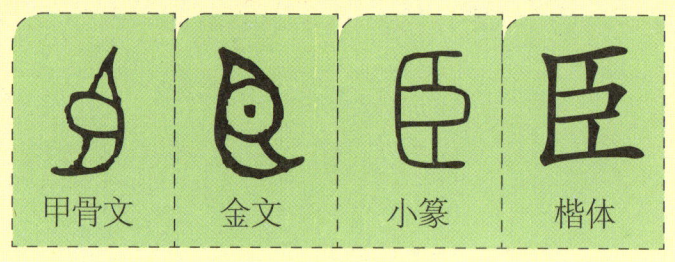

| 甲骨文 | 金文 | 小篆 | 楷体 |

臣，指事字。甲骨文字形就像是竖起来的一只眼睛，当人侧面低头时，眼睛才能竖起来，所以这是一个指代奴隶的形象。金文和篆文继承甲骨字形。随着演变，最后到了楷书，已经基本失去了"目"形。由此可见，"臣"其实是一个自贬身份的称呼，表示自己就像奴隶。

汉字故事

臣心如水
chén xīn rú shuǐ

西汉时，汉哀帝听说尚书仆射郑崇家来往的人很多，又听信了尚书令赵昌的谗言，怀疑郑崇有图谋不轨之心，于是派人将郑崇找了过来。

郑崇上了大殿，汉哀帝劈头就是一阵责问："听说尚书仆射的家里每天来往的人都像赶集一样，络绎不绝，你是否有密谋不轨之心？"

郑崇说："虽然臣门庭如市，但是我忠君的这颗心像水一样明澈见底，丝毫没有二心，还望皇上明鉴。"

汉哀帝听完这句话，丝毫不为所动，认为他在狡辩，又想起之前自己宠爱董贤，郑崇力谏不让，心里怀恨已久，便直接将郑崇抓进了大牢。经过一番严刑拷打，郑崇最后死在了狱中。

后来，人们便用"臣心如水"这个词来形容为官清廉的人。

知识密码

梅尧臣——

梅尧臣，字圣俞，北宋著名现实主义诗人。得欧阳修推荐，为国子监直讲，累迁尚书都官员外郎，故世称"梅直讲""梅都官"，曾参与编撰《新唐书》，并为《孙子兵法》作注。

52. 民

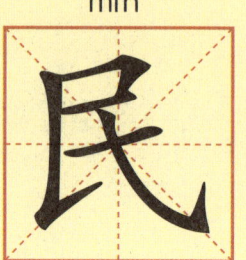

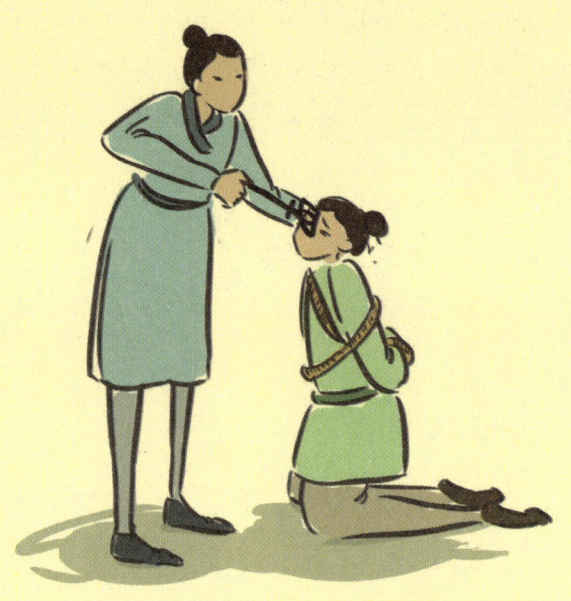

趣话汉字

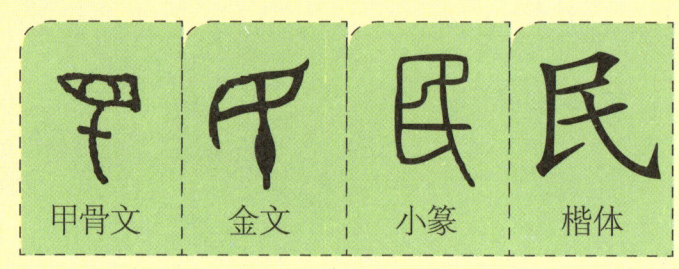

民,指事字。甲骨文的上面是一只眼睛,下面是一个类似"十"的指事符号,正戳向眼睛。金文继承甲骨字形,将"十"字形淡化为一根类似锥子的东西。篆文形体大变,已完全看不出锥子刺眼的形象了。"民"其实就是指奴隶,他会被人戳伤眼睛,不过现在这个意思已经弱化了。

汉字故事

民贵君轻
mín guì jūn qīng

齐宣王问:"商汤流放夏桀,周武王讨伐商纣,真的有这些事件吗?"孟子答:"史料中有这种记载。"宣王问:"臣子犯上杀死君主,行吗?"孟子答:"破坏仁的人叫作'贼',破坏义的人叫作'残',毁仁害义的残贼,叫作'独夫'。只听说把独夫纣处死了,却没有听说是君主被臣下杀害了。"

孟子说:"桀和纣之所以失去天下,是因为失去了老百姓的支持;之所以失去老百姓的支持,是因为失去了民心。获得天下有办法,就是获得老百姓的支持。获得老百姓的支持有办法,就是要获得民心。获得民心也有办法,就是他们所希望的,就满足他们,他们所厌恶的,就不强加在他们身上,如此罢了。"

孟子说:"百姓最为重要,土谷之神次之,君主为轻。所以得着百姓的欢心便做天子,得着天子的欢心便做诸侯,得着诸侯的欢心便做大夫。"

知识密码

三民主义——

三民主义是孙中山所倡导的旧民主革命纲领,由民族主义、民权主义和民生主义构成,简称"三民主义",是中国国民党信奉的基本纲领。

53. 音

字里乾坤

yīn

音

趣话汉字

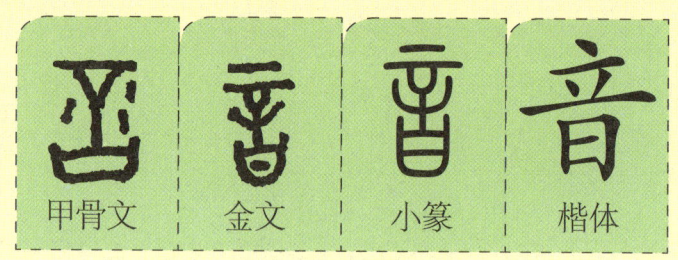

| 甲骨文 | 金文 | 小篆 | 楷体 |

音，指事字。甲骨文像是一个"言"字，上面加几点指事符号，表示自己言说的内涵，也就是指自己说出的话中所包含的心声。到了金文，又变成加了一点指事符号在"言"字的"口"中。随着演变，字形上面的舌状最后被写成了"立"，下面变成了"日"。

汉字故事

余音绕梁
yú yīn rào liáng

古时候，有一个善歌唱的女子，她叫韩娥，向东要到齐国去。因为缺少粮食，经过雍门时，便以卖唱来换取粮食。韩娥走了之后，她歌声的余音在房梁间缭绕，经过多日未断绝，左右邻舍都认为她还没离开。

据说经过旅店时，旅店的人欺辱她。韩娥用长音悲哭，整个街巷的老人小孩都悲伤忧愁，流泪相互看着，三天不吃饭。人们赶紧追赶韩娥，韩娥回来，又用长音放声歌唱。整个街巷的老人小孩都高兴得又蹦又跳，不能自控，忘记了先前的悲伤，气氛顿时欢悦起来，把此前的悲愁全忘了。

所以，雍门的人到现在都擅长唱歌，那是韩娥遗留的声音。

知识密码

铁观音——

铁观音，属于青茶类，原产于福建泉州市安溪县西坪镇，是中国十大名茶之一。它属于半发酵茶类，独具"观音韵"，清香雅韵，冲泡后有天然的兰花香，滋味纯浓，香气馥(yù)郁持久，有"七泡有余香"之誉。

54 直

字里乾坤

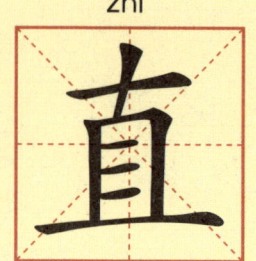

zhí

趣话汉字

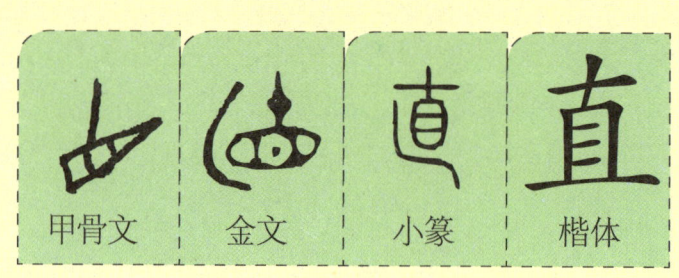

| 甲骨文 | 金文 | 小篆 | 楷体 |

直，指事字。甲骨文的下部是一只横着的眼睛，上部有一直线指事符号，表示视线是直的意思。金文变得稍微复杂了些，不过横目更形象。篆文中间的眼睛已经变成了"目"，到了楷书就已经基本定型了。"直"也就是不弯曲的意思，后来又引申为正直之意。

汉字故事

直捣黄龙
zhí dǎo huáng lóng

北宋末年，金国军队入侵中原，控制了淮河以北地区。康王赵构南渡长江，定都临安，建立了偏安一隅的南宋王朝。宋军将领岳飞积极主战抗金，驱走金人，恢复大宋一统江山。他有雄才大略，治军有方。他的军队纪律严明，作战勇敢顽强，军号"冻死不拆屋，饿死不掳掠"，使金兵闻风丧胆，不禁叹赞说："撼山易，撼岳家军难！"岳飞率领岳家军多次大败金兵，收复了不少失地。

南宋绍兴十年（1140年），岳飞在河南开封附近的郾(yǎn)城大破金兀术(zhú)的主力部队，于是进兵朱仙镇，收复了郑州、洛阳等地。岳家军所到之处，当地父老百姓争相顶盆焚香，挤满道路迎接宋军；人们挽车牵牛，满载食物慰劳岳军将士。

在此大好军事形势下，岳飞满怀喜悦地对部下说："我们乘胜进军，直捣黄龙，打下黄龙府，那时与诸位痛饮庆功酒吧！"后来，人们便以"直捣黄龙"比喻长驱直入敌方老巢，将敌人全部消灭。

知识密码

东直门——

东直门是位于北京城内城东垣北侧的一座城门，主要包括东直门城楼、东直门箭楼、东直门闸楼和瓮城，原为元大都东垣崇仁门，明朝洪武元年、洪武四年均修补沿用，永乐十七年修葺，改称东直门。

55 平

字里乾坤

pīng

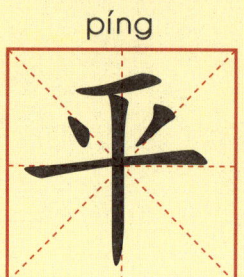

趣话汉字

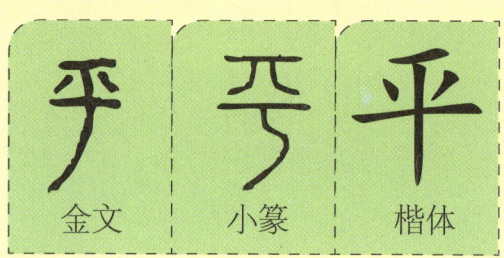

金文　小篆　楷体

平，指事字。金文的下部表示舒气，中间的三点表示呼出的气，上面加一条水平直线作为指事符号，表示声音悠长稳定，没有起伏。到了篆文，则省去了中间三点中的一点。最后，到了楷书，字形定型，更加美观。"平"就是指语气平和舒顺，后来又引申为平坦、太平、公正的意思。

汉字故事

不平则鸣
bù píng zé míng

不平则鸣，是一种文论观点，是韩愈在《送孟东野序》中提出的观点，也是"古文运动"的创作口号。它是中国古代封建社会中一个富有民主精神和反抗精神的重要命题，既是对中国古代"诗可以怨"传统的继承，同时又是在新的历史条件下的发展。

韩愈认为，一切事物处在不平静的时候就会发出声音。草木本来没有声音，风搅动它们就会发出声响。水本来没有声音，风吹打它就发出声响。水浪的腾跃，或许是有东西阻碍了它；水流奔流，或许是有东西阻塞了它；水的沸腾，或许是有东西在烧煮它。钟鼓乐器本来没有声音，有人敲击它就发出音响。人的语言也同样是这样，往往到了迫不得已的时候才慷慨陈词。人们唱歌是为了寄托情思，人们哭泣是因为有所怀恋，一切从口中发出而成为声音的，大概都是有不平的缘故。

"不平则鸣"是宇宙间的一个普遍现象，它认为不论在自然界，还是在社会生活中，不管是人还是物，只要遇到"不平"就要"鸣"。

知识密码

太平天国——

1850年末至1851年初，洪秀全、杨秀清、萧朝贵、冯云山、韦昌辉、石达开在广西金田村发动反抗清王朝的武装起义，后建立"太平天国"，它是清朝后期一次由农民起义创建的农民政权。

56 仁

字里乾坤

rén

趣话汉字

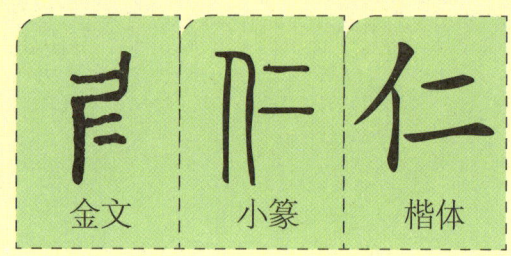

金文　小篆　楷体

　　仁，指事字。金文的上边是一个人的侧立之形，下边的"二"是指事符号，仍然是一个人的意思。人与人相处就要"仁"，也就是对人仁爱、友善。后来，篆文将金文的上下结构变成左右结构，一直沿用至今。"以仁待人"是一种重要的品德，值得我们每个人去学习。

汉字故事

当仁不让 (dāng rén bù ràng)

有一次，孔子的学生子张问孔子："究竟什么是'仁'？"

孔子回答说："做到恭、宽、信、敏、惠五点就可以了。"

子张又问："怎样做到恭、宽、信、敏、惠呢？"

孔子解释说："没有一颗放肆的心叫恭，心地不狭窄叫宽，没有欺诈的心叫信，没有怠情的心叫敏，没有苛刻的心叫惠。一个人如果没有仁德，就不能称之为人了。如果一个人承担了'仁'的事，就要勇往直前地去做，不可有半点的谦让之心。即使老师在面前，也不必同他谦让。"

后来，人们便从孔子的话里引申出"当仁不让"这个成语，表示应做之事就应积极主动地去做，不能推托。

知识密码

中国最美十大名山之一冈仁波齐峰——

冈仁波齐峰是中国冈底斯山脉主峰，是中国最美的、令人震撼的十大名山之一。它的山顶海拔6721米，是冈底斯山脉第二高峰，位于西藏自治区西南部普兰县北部，藏语意为神灵之山。

57. 友

字里乾坤

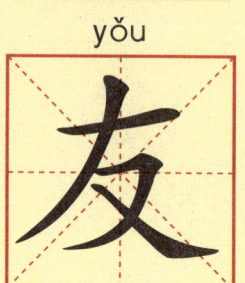

yǒu

趣话汉字

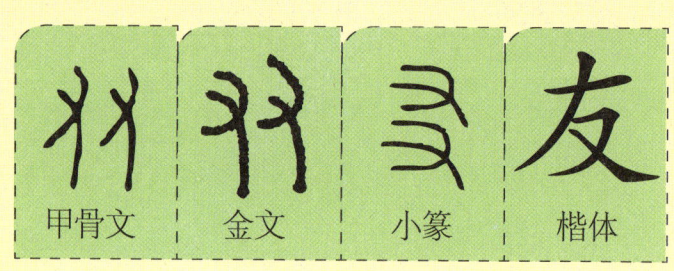

| 甲骨文 | 金文 | 小篆 | 楷体 |

友，会意字。甲骨文是两只右手靠在一起，就像旧友重逢，二人都伸出手紧紧相握一样。金文和篆文都继承甲骨字形，只是篆文将原来的左右结构变成了上下结构。最后，到了楷书，上面的手形消失，下面变成"又"，字形定型。

汉字故事

卖友求荣
mài yǒu qiú róng

西汉时,郦(lì)况和吕禄是好朋友。吕太后掌权后,曾封吕禄为赵王,执掌兵权;封吕产为梁王,执掌相权。吕太后死后,周勃、陈平等大臣想发动宫廷政变,恢复刘氏政权。但当时虽然周勃名义上是太尉,陈平是丞相,却都没有半点实权。周勃与陈平决定利用郦况,用计欺诈吕禄。

这个计划一经形成,他们首先劫持了郦况的父亲郦商,然后要挟郦况,让他告诉吕禄,姓吕的有三人封王,违背了汉高祖非刘姓不能封王的誓言。现在吕太后去世了,吕禄还佩着赵王印,掌握着兵权不合适。如果把兵权归还太尉,回到赵地,就可以做到两全齐美。

郦况没办法,只好将话转告了吕禄。吕禄想听从,但遭到姑母吕须的坚决反对,于是打消了这个念头。此计不行,周勃又叫郦况把吕禄骗离军营,郦况答应了。等到吕禄一被骗离,周勃就去往营中,假借皇上的命令发兵,诛杀了吕氏家族。

后来,人们便将此典故概括为"卖友求荣",形容出卖朋友、贪图利禄的行为。

知识密码

友谊关——

友谊关是我国十大名关之一,位于广西凭祥市西南端。322国道终端穿过友谊关拱城门,与越南公路相接。友谊关是通往越南的重要陆路通道和国家一类边贸口岸,距凭祥市区18公里。

58 争

字里乾坤

zhēng

趣话汉字

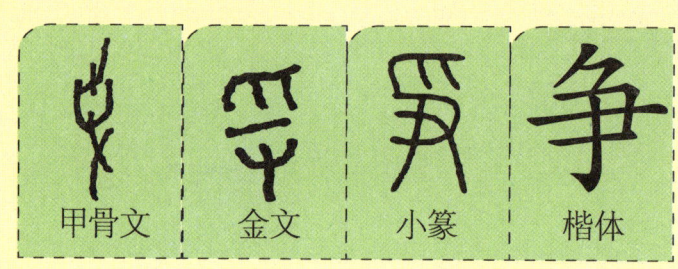

| 甲骨文 | 金文 | 小篆 | 楷体 |

争，会意字。甲骨文是上一只手和下一只手在争夺一个曲形东西的情形，两手相争，互不相让。金文继承甲骨字形，篆文是两只手在争夺一条像弯曲的木棍一样的东西，"争夺"的意义一目了然。最后，到了楷书，字形变得美观，并开始定型。

汉字故事

争先恐后
zhēng xiān kǒng hòu

春秋时，赵襄子向王子期学习驾车。学了不久，他觉得自己已经学得很好了，就打算与王子期比赛。可是，比赛那天，他同王子期换了三次马，却每次都落在了王子期的后面。

因此，赵襄王心里很不痛快，便生气地责备王子期，说："你教我驾车，为什么不将真本领教给我呢？"

王子期说："驾车的技术，我已经都教给你了，只是你运用上有毛病。驾车最重要的，是协调好你的马和车，才能跑得快、跑得远。你在比赛中，只要落后就想着超过我；一旦超过就怕我赶上你。其实，在比赛中，有时会在前，有时会落后，都是很自然的。可是，不论领先还是落后，你的心思都在我身上，你又怎么可能去协调好自己的车和马呢？这就是你落后的原因。"

后来，人们就从王子期的话中总结出"争先恐后"这个成语，意思是指担心落后，奋力向前，不肯落在别人后面。

知识密码

争跤——

争跤就是摔跤的意思，这种运动在宋代是很流行的。古代称摔跤为角抵、角力、相扑、争跤、掼跤、摔角，到了近代才叫作摔跤。《水浒传》描写的宋代燕青就是擅长"沾衣十八跌"的摔跤高手。

59. 之

字里乾坤

zhī

趣话汉字

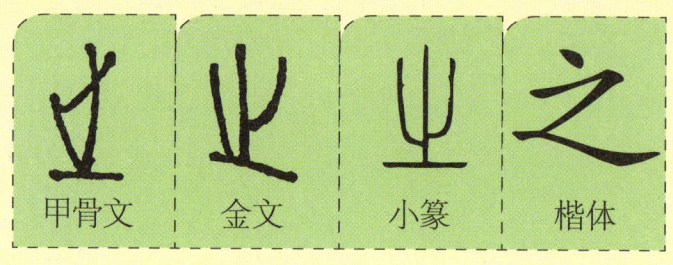

| 甲骨文 | 金文 | 小篆 | 楷体 |

之，指事字。甲骨文的上部是一个"止"的字形，下面加一横指事符号，表示脚踏在大地，徒步前往某地的意思。金文和篆文承续甲骨文字形，最后到了楷书才定型，但字形已严重变形，完全看不出脚的样子。除了表示去往某地，"之"还可以指代人或事物，比如"求之不得"。

汉字故事

管鲍之交 (guǎn bào zhī jiāo)

从前,齐国有一对很要好的朋友,一个叫管仲,另一个叫鲍叔牙。年轻的时候,管仲家里很穷,鲍叔牙知道了,就找管仲一起投资做生意。因为管仲没有钱,所以本钱几乎都是鲍叔牙出的,可是,当赚了钱以后,管仲却拿得比鲍叔牙还多,鲍叔牙从来没有意见。

后来,齐国的国君死掉了,大王子诸当上了国君,诸每天吃喝玩乐不做事,鲍叔牙预感齐国一定会发生内乱,就带着小王子小白逃到莒国,管仲则带着小王子纠逃到鲁国。不久,大王子诸被人杀死,齐国真的发生了内乱,管仲想杀掉小白,让纠能顺利当上国君,可惜管仲在暗算小白的时候,把箭射偏了,小白没死。后来,小白当上了齐国的国君,决定封鲍叔牙为宰相,鲍叔牙却对小白说:"管仲各方面都比我强,应该请他来当宰相才对呀!"小白一听,说:"管仲要杀我,他是我的仇人,你居然叫我请他来当宰相!"鲍叔牙却说:"这不能怪他,他是为了帮他的主人纠才这么做的呀!"小白听了鲍叔牙的话,请管仲回来当宰相,而管仲也真的帮小白把齐国治理得非常好!

后来,大家在称赞朋友之间有很好的友谊时,就会说他们是"管鲍之交"。

知识密码

官渡之战——

官渡之战,是东汉末年"三大战役"之一,也是中国历史上著名的以弱胜强的战役之一。东汉献帝建安五年,曹操军与袁绍军相持于官渡,曹操奇袭袁军在乌巢的粮仓,继而击溃袁军主力,取得胜利。

60. 久

字里乾坤

jiǔ

久

趣话汉字

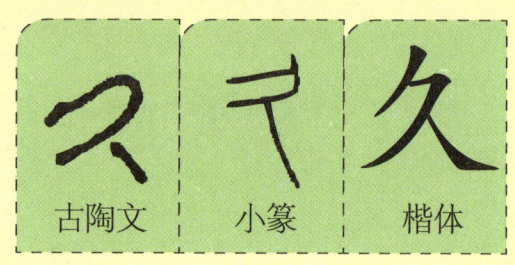

| 古陶文 | 小篆 | 楷体 |

久，指事字。"久"的本义是指等待、时间久，古陶文像是一个人的腿，在腿部位置上加一捺指事符号，表示与腿的动作有关，等了很长时间的意思。"久"字形简单，一直到楷书都没有什么变化。

汉字故事

路遥知马力，日久见人心
lù yáo zhī mǎ lì，rì jiǔ jiàn rén xīn

传说，有叫路遥和马力的两个人，马力上京考试，在半路病倒，幸好有地主路遥收留并照顾了他三年。后来，马力上京赶考，考中状元，被招为驸马。

这时，恰巧路遥家遭火灾，倾家荡产，路遥无奈只能上京找马力帮忙。见面后，马力丝毫不提帮忙之事，只顾挽留路遥在京城游玩，路遥生气离去。马力派将士将路遥擒住，说每天只准他往回走一里路，多走一里便要后退两里路。当天，路遥多走了五里路便倒退了十里路。路遥气得直骂马力忘恩负义，就这样走走退退，路遥走了三年才回到家，只见原来被烧掉的房屋变成了华屋美宅。

原来，马力不想路遥太早回去，便是要给他建造这房子以报相救之恩，路遥不禁感叹道：路遥知马力，日久见人心。

实际上，"路遥知马力，日久见人心"意为路途遥远，才可以知道马的力气的大小；经历的事情多了，时间长了，才可识别人心的善恶好歹。

知识密码

持久战——

持久战，持续时间较长的作战，是中国人民解放军在反对国内外敌人斗争中的一个重要的战略指导方针。在敌强己弱的情况下，通常通过长期的作战，逐步削弱敌人，转劣势为优势，变被动为主动。

61 正

字里乾坤

zhèng

正

趣话汉字

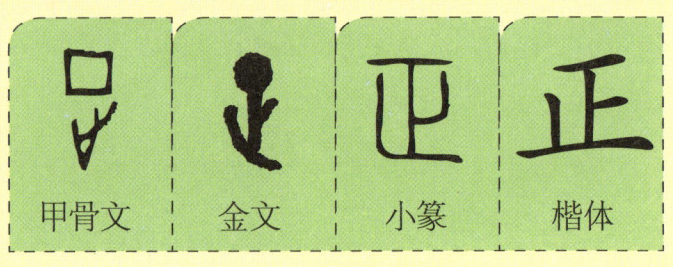

| 甲骨文 | 金文 | 小篆 | 楷体 |

正，指事字。甲骨文字形上面的符号表示方向、目标，下面是"足"，意思是向这个方位或目标不偏不斜走去。所以，"正"就是指不偏不倚朝目标走去，后来引申为平直、合乎公义的意思。随着演变，上面的方口形被写成了一横指事符号，下面仍是表示脚趾的"止"，字形开始定型。

汉字故事

míng zhèng yán shùn
名正言顺

春秋时期，孔子因不满鲁定公沉迷酒色，带领学生来到卫国。因为卫灵公言而无信，孔子就留下子路一人，他则带领其他学生离开卫国。后来，卫出公继位，让子路去请孔子来卫国辅政。

子路问孔子："卫君想请你帮他理政，您将先做什么？"

孔子说："先正名分。"

子路说："老师，您太迂腐了，名分有什么好正的？"

孔子说："你真鲁莽，名不正则言不顺，言不顺则事不成，事不成则教化不兴，教化不兴则刑罚不当，刑罚不当则老百姓不知所措。所以，要先正名。"

后来，人们便用"名正言顺"来表示做事理由正当而充分，含有理直气壮的意思。

知识密码

雍正——

　　雍正是清兵入关以来的第三位皇帝。在位时期，他平定了罗卜藏丹津叛乱，并将青藏、蒙古地区纳入中国版图，设置军机处，整饬吏治，实行一系列铁腕改革政策，对康乾盛世的连续具有关键性作用。

62 迷

字里乾坤

mí

迷

趣话汉字

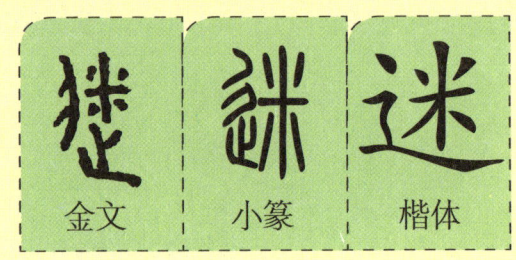

金文　小篆　楷体

迷，会意字。金文的右上方是一个"米"字，指糠尘等异物进入眼睛而看不清，下方是一只脚趾，左边部分表示行走的意思。所以，"迷"就是辨不清前进的方向、因失去方向而困惑的意思。篆文继承金文字形，楷书将左边简化成"辶"，字形开始定型。

汉字故事

当局者迷，旁观者清

唐朝的大臣羹光上书唐玄宗，要求把唐初名相魏徵整理修订过的《类礼》（即《礼记》）列为经书，也就是作为儒家的经典著作。玄宗当即表示同意，并命元澹等仔细校阅一下，再加上注解。

不料，右丞相张说对此提出不同看法。他说，现在的《礼记》，是西汉戴圣编纂的本子，使用到现在已经有近千年，已经成为经书，有什么必要改用魏徵整理修订的本子呢？玄宗觉得他说得也有道理，便改变了主意。但是元澹却认为，本子应该改换一下了。为此，他写了一篇题为《释疑》的文章表明自己的观点。

《释疑》是采用主客对话的形式写成的。先是客人问："《礼记》这部经典著作，戴圣编纂、郑玄加注的本子与魏徵修订的本子相比，究竟哪个好？"主人回答说："戴圣编纂的本子从西汉起到现在经过了许多人的修订、注解，互相矛盾之处很多，魏徵正是考虑到这些因素而重新整理，谁会想到那些墨守成规的人会反对呢！"客人听后点点头，说："是啊，就像下棋一样，当局者迷，旁观者清啊。"

"当局者迷，旁观者清"告诉我们，做事时要多听取其他人的意见，不要一意孤行。

知识密码

迷踪拳——

"迷踪拳"也就是燕青拳，中国拳术之一，其特点是动作轻灵敏捷，灵活多变，讲究腰腿功，脚下厚实，功架端正，发力充足，相传为达摩所创，大师级人物有刘宝祥、张金堂等。

63 奔

字里乾坤

bēn

奔

趣话汉字

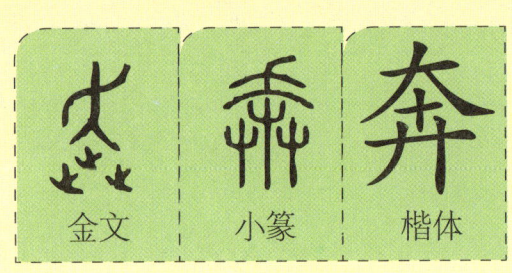

金文　小篆　楷体

奔，会意字。金文的上部是一个人，下部是三个"止"，也就是脚，表示一个人甩开双臂，迈开脚，跑得很快。篆文上部的人形还在，只是下部变成了三棵草，好像一个人正迈开步子在草地上奔跑似的。"奔"就是跑，后来又引申为战败逃跑以及私奔等意思。

汉字故事

疲于奔命
pí yú bēn mìng

春秋的时候，楚国和宋国发生战争，宋国大败。大将子重功劳最大，他要求楚王把北部两处地方封赏给自己。可是申公巫臣反对，楚王没有答应子重。大臣子反想娶夏姬，巫臣却说夏姬命相不好，不能娶她。可是，巫臣后来却娶了夏姬，与她一起逃到了晋国。因为这两件事，子重和子反都非常仇恨巫臣。

为了报仇，子重和子反合伙杀了巫臣的家族，瓜分了他们的财产和妻妾。巫臣得知这个消息后，托人捎了一封信给子重、子反两人："你们这两个坏蛋，我一定叫你们受命奔走，疲竭而死！"

巫臣来到落后的吴国，帮助吴军训练驾车射箭。在巫臣的训练下，吴国的军队逐渐强大起来。于是吴军不断出兵，逐个攻击楚国东边的属国。这样，告急的文书经常传到楚国都城。楚王每次接到告急文书，总是派子重、子反率军前往救援。他俩刚结束一场战事归来，还未得到休息，又要奉命出兵平定另一处战事。一年之中，两人率领大军往返奔波，竟达七次之多，被弄得筋疲力尽，巫臣终于达到了复仇的目的。

后来，人们就用"疲于奔命"这个成语来形容忙于奔走应付而搞得非常疲劳。

知识密码

《林冲夜奔》——

《林冲夜奔》，又名《夜奔》，是昆曲传统武生戏，明代李开先《宝剑记》传奇中的一折。取材于《水浒传》，描写林冲受到高俅迫害后，亡命水泊梁山途中的经历。

64 看

字里乾坤

kàn

趣话汉字

小篆　楷体

　　看，会意字。篆文的上面是"手"字的变形，下面是"目"，手在眼睛上面，表示举手遮光，或是远眺观察。楷书继承篆文字形，对上面的"手"形作出了变动，使字体看起来更加规范化，字形开始定型。

汉字故事
刮目相看 (guā mù xiāng kàn)

吕蒙是三国时期的吴国将领，他武艺高强，战功卓著，可就是不爱读书。吴主孙权对吕蒙说："你现在身居要职，要多读些书。"吕蒙说军务繁忙，没有时间。

孙权说："你说军务繁忙，难道比我还忙吗？我常常抽时间读书，感到收获很大。"吕蒙听完，于是开始利用空余时间读书。

后来，鲁肃要到陆口，路过吕蒙的辖区，他觉得吕蒙是个大老粗，不想去见他。有人劝他说："吕将军已经今非昔比了，应该去看看他。"于是鲁肃就来见吕蒙。大家喝酒喝得高兴时，吕蒙问鲁肃："现在将军重任在身，要与关羽为邻了，要怎么防备他呢？"鲁肃说："还没想过，到时候再说吧。"吕蒙说："现在吴蜀虽然结成了联盟，但关羽是虎狼之人，怎么能不早作准备呢？"于是，他给鲁肃筹划了五条计策。鲁肃感到非常惊奇，说："你如今的才干谋略，已不再是过去吴下的阿蒙了！"吕蒙说："对于有志气的人，分别了数日后，就应当擦亮眼睛重新看待他了！"

这就是"刮目相看"的故事，指别人已有进步，不能再用老眼光去看他，也比喻重新认识事物。

知识密码

看茶——

看茶，一般是家里来了客人后主人说出来，也就是吩咐仆人端茶招待客人的用语。加一个"看"字，是表示主人对客人的尊重，类似的还有"看座"。

65 听

字里乾坤

tīng

听

趣话汉字

甲骨文	金文	小篆	楷体

听,会意字。甲骨文的左边是一只大耳朵,右边是一个"口"形,表示一个人用口讲,另一个人用耳朵听,这就是"听"的意思。到了篆文,开始繁杂化,右边是"德"的古体字,似乎表示"有德者耳聪"的意思。后来汉字简化,为了书写方便,又变成了左"口"右"斤"的字。

汉字故事

兼听则明，偏信则暗

唐太宗十分信任和看重大臣魏徵，经常向他请教问题。有一次，唐太宗问魏徵："君主怎样能够明辨是非，怎样叫昏庸糊涂？"

魏徵答道："广泛地听取意见就能明辨是非，偏信某个人就会昏庸糊涂，也就是兼听则明，偏信则暗。从前帝尧明晰地向下面民众了解情况，所以有苗作恶之事能及时掌握。舜帝耳听四面，眼观八方，故共、鲧、欢兜都不能蒙蔽他。秦二世偏信赵高，在望夷宫被赵高所杀；梁武帝偏信朱异，在台城因受贿被下臣侮辱；隋炀帝偏信虞世基，死于扬州的彭城阁兵变。所以人君应该广泛听取意见，这样宦官才不敢蒙蔽，下面的情况才得以反映上来。"

唐太宗说："好啊！"

知识密码

垂帘听政——

始于汉朝，汉惠帝不理政事，吕后临朝。唐朝武则天以太后身份临朝甚至废唐建周，自己做了皇帝。影响较大的太后临朝有汉代吕太后、邓太后，唐代武则天，清代有慈禧太后。

66 闻

字里乾坤

wén

趣话汉字

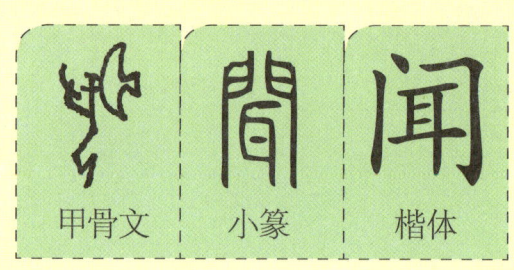

| 甲骨文 | 小篆 | 楷体 |

闻，会意字。甲骨文的下部是面朝左的一个人形，人的头上有一只特别突出的大耳朵，表示"听"的意思。到了篆文，字形变化较大，外面是一个门，里面是一个耳朵，表示在门里听门外的动静。后来汉字简化，外面的门变成三笔，就成为我们现在看到的样子。

汉字故事

闻鸡起舞
wén jī qǐ wǔ

晋代的祖逖(tì)是一个胸怀坦荡、具有远大抱负的人。他曾几次进出京都洛阳，接触过他的人都说，祖逖是个能辅佐帝王治理国家的人才。他24岁的时候，曾有人推荐他去做官，他没有答应，仍然不懈地努力读书。

后来，祖逖和幼时的好友刘琨(kūn)一同担任司州主簿。他与刘琨感情深厚，不仅常常同床而卧，同被而眠，而且还有着共同的远大理想：建功立业，复兴晋国，成为国家的栋梁之材。

一次，半夜里祖逖在睡梦中听到公鸡的鸣叫声，他一脚把刘琨踢醒，对他说："你听见鸡叫了吗？"刘琨说："半夜听见鸡叫不吉利。"祖逖说："我偏不这样想，咱们干脆以后听见鸡叫就起床练剑如何？"刘琨欣然同意。

于是，他们每天鸡叫后就起床练剑，冬去春来，寒来暑往，从不间断。经过长期的刻苦学习和训练，他们终于成为能文能武的全才。祖逖被封为镇西将军，实现了他报效国家的愿望；刘琨做了征北中郎将，兼管并、冀、幽三州的军事，也充分发挥了他的文才武略。

这就是"闻鸡起舞"的历史典故，用来比喻有志报国的人能够及时奋起的意思。

知识密码

闻仲——

闻仲是神话小说《封神演义》及《雷祖宝卷》中的人物，也是民间信仰中的"雷神"或"雷祖"。在小说中，闻仲本来是商朝末代君王纣王朝中的太师，乃三朝元老，文武双全。

67 思

字里乾坤

sī

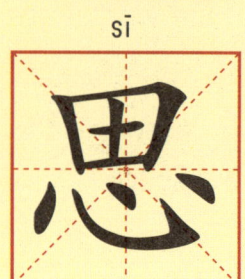

趣话汉字

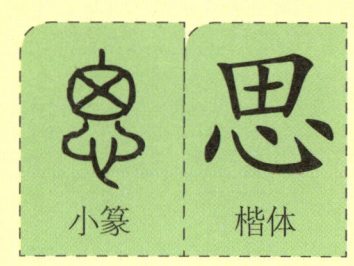

小篆　楷体

　　思，会意字。篆文的上部是一个"囟"字，表示大脑的意思，下部是一个"心"字，既要用脑，又要用心，把事情放在心里和脑中，这就是思考的"思"，也是思念的"思"。

汉字故事
居安思危 (jū ān sī wēi)

春秋时期，有一次宋、齐、晋、卫等十二国联合出兵攻打郑国。郑国国君慌了，急忙向十二国中最大的晋国求和，得到了晋国的同意，其余十一国也就停止了进攻。郑国为了表示感谢，给晋国送去了大批礼物，其中有著名乐师三人、配齐甲兵的成套兵车共一百辆、歌女十六人，还有许多钟磬之类的乐器。

晋国的国君晋悼公见了这么多的礼物，非常高兴，将八个歌女分赠给他的功臣魏绛(jiàng)，说："你这几年为我出谋划策，事情办得都很顺利，我们好比奏乐一样和谐合拍，真是太好了。现在让咱俩一同来享受吧！"

可是，魏绛谢绝了晋悼公的分赠，并且劝告晋悼公说："咱们国家的事情之所以办得顺利，首先应归功于您的才能，其次是靠同僚们齐心协力，我个人有什么贡献可言呢？但愿您在享受安乐的同时，能想到国家还有许多事情要办。《书经》上有句话说得好：'居安思危，思则有备，有备无患。'现谨以此话规劝主公！"

魏绛这番远见卓识和语重心长的话，使晋悼公听了很受感动，他高兴地接受了魏绛的意见，从此对魏绛更加敬重。

知识密码

成吉思汗——

孛儿只斤·铁木真(1162~1227)，蒙古帝国可汗，尊号"成吉思汗"，意为"拥有海洋四方"。1206年春天建立大蒙古国，此后多次发动对外征服战争，征服地域西达中亚、东欧的黑海海滨。

68 望

字里乾坤

wàng

望

趣话汉字

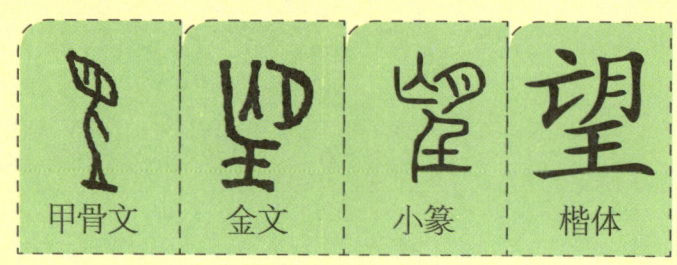

| 甲骨文 | 金文 | 小篆 | 楷体 |

　　望，会意字。甲骨文的上部是一只大眼睛，下部是一个人面朝右站在一个土堆上，似乎正在登高远望。金文继承甲骨字形，篆文在左上角加了一个"亡"来表声，右上角是月亮，下部还是人，似乎有望月的意思。"望"就是远望的意思，后来又引申为盼望、声望的意思。

汉字故事

望梅止渴
wàng méi zhǐ kě

有一年夏天,曹操率领部队去讨伐张绣,天气热得出奇,天上一丝云彩也没有,部队在弯弯曲曲的山道上行走,两边密密的树木和被阳光晒得滚烫的山石,让人透不过气来。到了中午时分,士兵的衣服都湿透了,行军的速度也慢下来,有几个体弱的士兵竟晕倒在路边。

曹操看行军的速度越来越慢,担心贻误战机,心里很是着急。可是,眼下几万人马连水都喝不上,又怎么能加快速度呢?他立刻叫来向导,悄悄问他:"这附近可有水源?"向导摇摇头说:"泉水在山谷的那一边,要绕道过去还有很远的路程。"

曹操想了一下说,"不行,时间来不及。"他看了看前边的树林,沉思了一会儿,对向导说:"你什么也别说,我来想办法。"他知道此刻即使下命令要求部队加快速度也无济于事,突然脑筋一转,办法来了。他一夹马肚子,快速赶到队伍前面,用马鞭指着前方说:"士兵们,我知道前面有一大片梅林,那里的梅子又大又好吃,我们快点赶路,绕过这个山丘就到梅林了!"士兵们一听,仿佛已经将梅子吃到了嘴里,顿时精神大振,步伐不由得加快了许多。

这就是"望梅止渴"的典故。

知识密码

望闻问切——

望闻问切是中医用语。"望"指观气色,"闻"指听声息,"问"指询问症状,"切"指摸脉象,合称四诊。

69. 饮

字里乾坤

yǐn

趣话汉字

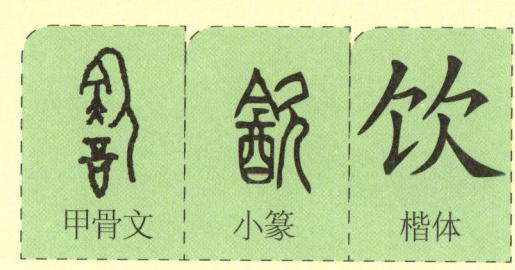

| 甲骨文 | 小篆 | 楷体 |

饮,会意字。甲骨文左下部分是个酒瓶,酒瓶之上是个大舌头,舌头之上是人张开的大口,右边就是立着的一个人,表示一个人正弯腰低头在伸舌喝酒。到了篆文,变成酒瓶上有个三角形的酒瓶盖子,右边是面朝左站着的一个人。最后,楷书变成了左"食"右"欠"的字形。汉字简化后,左边的"食"被简化成了三笔,就成为今天看到的"饮"字了。

汉字故事

dān shí piáo yǐn
箪食瓢饮

孔子是大教育家，有学生三千，其中最出名的有七十二人，而颜回又是他最喜爱的，颜回的一举一动在孔子看来都是好的，所以孔子常拿颜回的所作所为来教育其他弟子。一次，孔子抓住颜回的饮食起居问题，发挥一通，认为颜回太高尚，别人都不可能做到的事，他能做到，值得学习。他说："一箪食，一瓢饮，在陋巷，人不堪其忧，回也不改其乐。贤哉，回也！"意思是说，颜回用竹器盛饭吃，用木瓢舀水喝，住在简陋的小巷，这是别人忍受不了的困苦生活，但颜回依旧快乐，真高尚啊，颜回！

人们将"一箪食，一瓢饮"简化成"箪食瓢饮"，形容极为清贫的生活。

知识密码

饮中八仙——

指唐朝嗜酒好仙的八位学者名人，亦称酒中八仙或醉八仙，分别是李白、贺知章、李适之、李琎(jīn)、崔宗之、苏晋、张旭、焦遂。杜甫有《饮中八仙歌》。

70 吹

字里乾坤

chuī

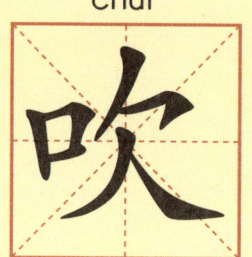

趣话汉字

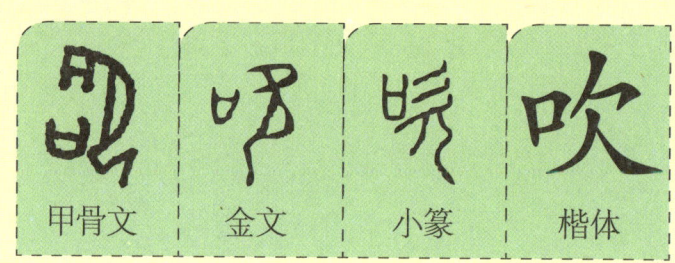

| 甲骨文 | 金文 | 小篆 | 楷体 |

吹，会意字。甲骨文的右边是一个面朝左张着嘴巴半跪着的人，其左是个"口"，有人有口就表示"吹"。金文继承甲骨字形，篆文的"口"字并无变化，但右边已没有人的样子了。最后，楷书将右边的人形写成了"欠"，字形才开始定型。

汉字故事

弄玉吹箫
nòng yù chuī xiāo

弄玉公主是秦穆公的一个女儿。她漂亮温柔、冰雪聪明,喜欢古笙曲等高雅音乐。秦穆公专门为她修建了一座露天音乐厅——凤凰台,让她对着无垠的星空表演。

这一天,长空如洗、明月皎皎,弄玉又吹奏起"凤凰鸣"的曲子来。乐声回荡夜空,如天上仙乐。忽然,她听到一阵袅袅的洞箫声,似乎从东方天际飘忽而下,分明和自己的曲子相和相鸣。过了一会儿,只见东南方天门大开,雾气倾泻楼台,五光十色,一个美少年跨着彩凤,翩翩降落。

这位少年说:"我叫萧史,本是神仙,因为和你有缘,才应曲而来。"他们两人应该说一人一仙,在凤凰台切磋音乐,十分情投意合。萧史不愧是神仙,箫音所达数百里。一曲奏完,引来彩云缭绕;二曲奏完,引来赤龙飞舞;三曲奏完,引来凤凰和鸣。满朝文武和凡夫俗子都赶来看这千年不遇的景象,被仙界的光芒和超炫的音乐笼罩、震撼。

于是,秦穆公就欣然地把自己的宝贝女儿弄玉嫁给了萧史,这对年轻夫妇就到华山静修。终于有一天,上天派来两只飞行器——一条赤龙和一只彩凤,弄玉骑着凤,萧史跨上龙,双双成仙去了。

知识密码

鼓吹曲辞——

乐府的一种,又称为短箫铙(náo)歌,其中一部分是一种军营中行用的乐曲。它使用一些由北方羌胡等少数民族传入的乐器演奏,有的采用民间里的歌谣,主要流行于汉至唐代。

71. 号

字里乾坤

hào

号

趣话汉字

小篆　楷体

　　号，会意字。篆文的下面是一支像竽一样的乐器，上面是一个"口"，表示将嘴巴放在竽管上吹奏，这种乐器吹出来的声音带着一股凄凉，似乎十分沉痛。所以，"号"就是发出悲痛声音的意思，比如"哀号"，就是因心里哀伤悲痛而放声号叫。

汉字故事

马王堆一号汉墓帛画

马王堆汉墓是西汉初期长沙国丞相利苍及其家属的墓葬，位于湖南省长沙市。在一号墓里，内棺覆盖了一幅精美的T型帛画，画面上中下三部分分别表现了天上、人间与地下的场景，体现了当地的传统习俗，可能是根据当地传统习俗招魂仪式所作，希望死者死后灵魂不会消散。

一号墓内棺上的彩绘帛画，保存完整，色彩鲜艳，是不可多得的艺术珍品。帛画全长2米多，作"T"字形，下垂的四角有穗，顶端系带以供张举，应是当时葬仪中必备的旌幡。画面上段绘日、月、升龙和蛇身神人等图形，象征着天上境界；下段绘蛟龙穿璧图案，以及墓主出行、宴飨等场面，整个主题思想是"引魂升天"。

知识密码

号角——
古时军队中用来传达命令的管乐器，后泛指喇叭一类的东西。

72 仆

字里乾坤

pú

仆

趣话汉字

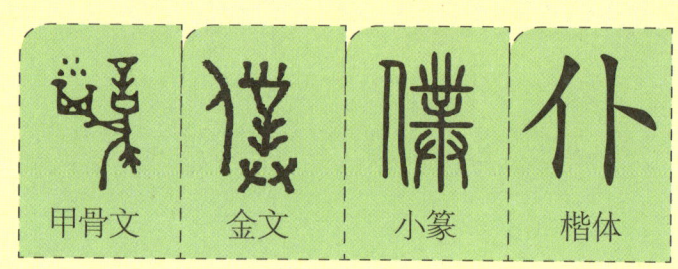

| 甲骨文 | 金文 | 小篆 | 楷体 |

仆，会意字。甲骨文字形是面朝左站着一个人，人头的上部有奴隶的标记，双手捧着"箕"之类的工具，向左下方弯曲的一笔表示腿，此人穿着有尾巴的特殊服饰。金文将"人"移到左边，右下角是手。到了篆文，左边人形还在，右边则有些变形了。最后，为了书写方便，就将笔画简单的"仆"代替笔画复杂的"僕"，意义不变。

汉字故事

过江仆射王导
(guò jiāng pú yè wáng dǎo)

西晋末年，纷乱四起，王导知道天下已经乱了，就为琅邪王司马睿献策，最好移镇建康，也就是今天的江苏南京。

317年，西晋灭亡，司马睿南渡，在建康重建晋廷，为晋元帝，史称东晋。王家是历史上有名的大族，代代人才辈出，基本都在朝廷当官。东晋建立后，王导很快就被任命为丞相。他通过家族的影响力积极号召南迁避难的中原士族，并联合南方大族，取得他们的支持。在东晋初期，丞相王导的整治措施取得了一定的效果，但终究不能平衡北方士族与南方士族间、王氏势力与司马氏势力间的矛盾。

魏晋时，尚书仆射即为丞相，所以王导也是尚书仆射。因为他是西晋南渡的主要建议者和支持者，所以才有了"过江仆射"这个称号。

知识密码

太仆——

太仆是秦汉时主管皇帝车辆、马匹的官员，后来逐渐转为专管官府畜牧事务。车府主管皇帝乘坐的车辆，其余都是主管马厩的官员。太仆更重要的职责是兼管官府的畜牧业。

73 信

字里乾坤

趣话汉字

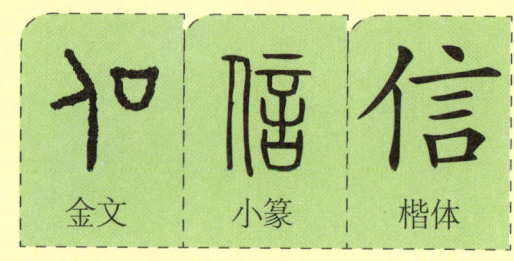

| 金文 | 小篆 | 楷体 |

信，会意字。金文字形的左边是个人形，右边是一个"口"，表示人开口许诺就叫"信"。篆文继承金文字形，左边人形未变，右边有所变形，但仍表示开口说话的意思。到了楷书，字形右边变成了"言"，自此字形开始定型。在生活中，一个"言而有信"的人往往是受人欢迎的。

汉字故事

移木建信
yí mù jiàn xìn

公元前359年,秦国的商鞅想要立法,以诚信富国强兵。他起草了一个改革的法令,但是怕老百姓不信任他,不按照新法令去做。于是,他就先叫人在都城的南门竖了一根三丈高的木头,下命令说:"谁能把这根木头扛到北门去,就赏十两金子。"

不一会儿,南门口围了一大堆人,大家议论纷纷。有的说:"这根木头谁都拿得动,哪儿用得着十两赏金?"有的说:"这大概是左庶长成心开玩笑吧。"大伙儿你瞧我,我瞧你,就是没有一个上去扛木头的。商鞅知道老百姓还不相信他下的命令,就把赏金提到五十两。没有想到赏金越高,看热闹的人越觉得不近情理,仍旧没人去扛。

正在大伙儿议论纷纷的时候,人群中有一个人跑出来,说:"我来试试。"他说着,真的把木头扛起来就走,一直扛到北门。商鞅立刻派人传出话来,赏给扛木头的人五十两黄澄澄的金子,一分也没少。

这件事立即传了开去,一下子轰动了秦国。老百姓说:"左庶长的命令不含糊。"商鞅知道,他的命令已经起了作用,就把他起草的新法令公布了出去。

这就是"移木建信"的故事。

知识密码

韩信——

韩信,淮阴人,西汉的开国功臣,也是中国历史上杰出的军事家,与萧何、张良并列为汉初三杰。

74 圣

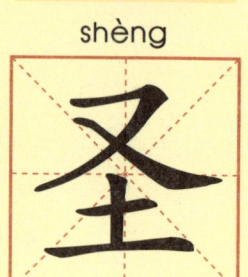

字里乾坤

shèng

趣话汉字

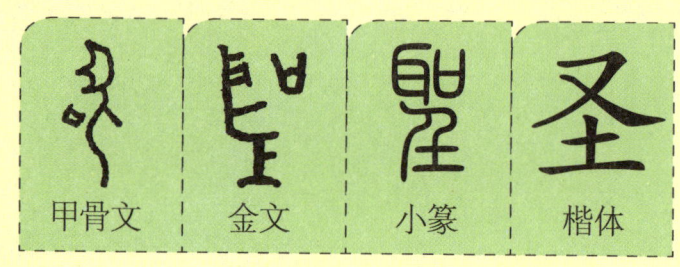

| 甲骨文 | 金文 | 小篆 | 楷体 |

圣，会意字。甲骨文字形的上部是人的一只耳朵，左下部是一个"口"形，右下方是一个面朝右而侧立的人。在上古，耳聪口辨、精明能干的人就是"圣"。金文和篆文继承甲骨字形，只是各部分的位置有一些变动。汉字简化后，为了书写方便，便将"聖"简化成只有五笔的"圣"。

汉字故事

qí tiān dà shèng
齐天大圣

孙悟空刚出生时，带领着群猴进入水帘洞，成为众猴之王，号称"美猴王"。后来，他又在西牛贺洲拜菩提祖师为师学艺，得名孙悟空，学会七十二变、筋斗云等高超的武艺。

回到花果山后，他大闹地府，销毁了生死簿，玉帝很生气，太白金星建议招安。于是，孙悟空就被召上天宫，被骗封为弼马温。十五天后，他才知道自己不过是个马夫，一气之下回了花果山，自封"齐天大圣"。玉皇大帝知道孙悟空下了天宫，命令托塔天王李靖派兵去镇压，孙悟空将他们打败，天宫被迫封其为"齐天大圣"，掌管蟠桃园。不料，孙悟空野性未改，反而偷吃蟠桃、偷喝仙酒、偷吃仙丹并扰乱蟠桃盛宴。玉帝震怒，命李天王率十万天兵天将，去捉拿他。

最后，孙悟空被擒，到斩妖台问斩，因先前偷吃了太上老君的金丹，变成金刚之躯，所以多种刑罚均无效，最后被太上老君带到兜率宫冶炼七七四十九天。然而，孙悟空炼成一双火眼金睛，于是蹬倒火炉，大闹天宫，打到通明殿，与王灵官战到一处。正在争斗时，如来佛祖出现，将孙悟空压在五行山下。

知识密码

儒家五圣——

孔子被世人称为"至圣"，颜回被称为"复圣"，曾子被称为"宗圣"，子思被称为"述圣"，孟子被尊为"亚圣"，这就是儒家五圣。

75. 爽

字里乾坤

shuǎng

趣话汉字

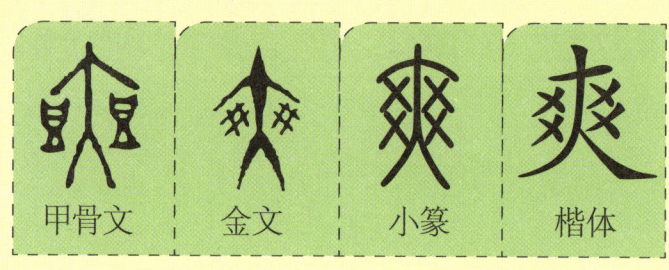

| 甲骨文 | 金文 | 小篆 | 楷体 |

爽，会意字。从甲骨文字形看，就像一个人左右腋下各有一团火一样，看起来十分明亮。所以，"爽"的本义就是明亮。金文继承甲骨字形，只是腋下的两团火变成了"爻"形，意义不变。既然"爽"就是明亮，那么一定是心情畅快的，所以它又可引申为开朗舒畅的意思。

汉字故事

屡试不爽 (lǚ shì bù shuǎng)

清代文学家蒲松龄在《聊斋志异》中讲了这个故事：

有一位宫生，他蓄养了一匹驴，性情十分拙劣。

每次在半路上遇见徒步的客人，这个宫生便拱手答谢说："刚好我很忙，无法下驴，请不要怪罪！"话还没说完，他的驴子就躺在道路上，屡试不爽——没有一次例外。

宫生非常惭愧，便与妻子想出计策，假装要去做客，在庭院四周环绕。然后，他向妻子拱手，假装遇到客人般说话。驴子果然又躺在地上不起来，他便用尖刺刺驴子。

这时，刚好有一个客人前来拜访，恰好听到宫生刚才对妻子说的话——刚好我很忙，无法下驴，请不要怪罪。客人觉得很怪异，就向宫生询问。宫生把自家驴子的怪异行径告诉客人，两个人都捧腹大笑起来。

知识密码

爽约——

爽约，书面语，一般用于较为正式的场合，指没有履行约会。"爽"即违背、没有履行的意思，与失约、"放鸽子"同义。

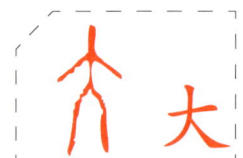

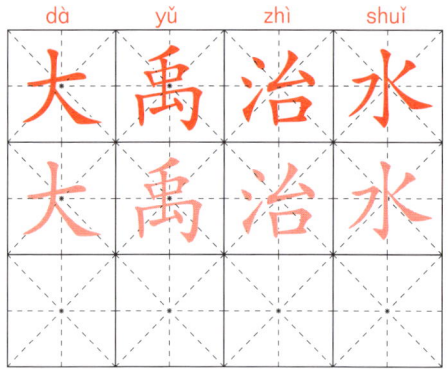

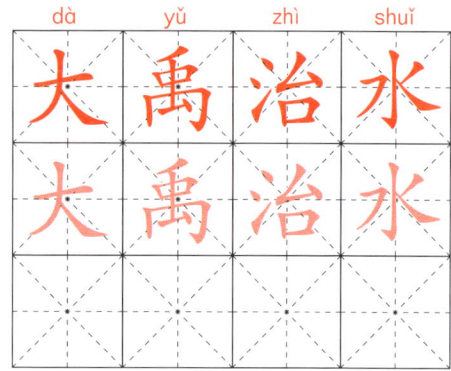

父

kuā	fù	zhú	rì		kuā	fù	zhú	rì
夸	父	逐	日		夸	父	逐	日
夸	父	逐	日		夸	父	逐	日

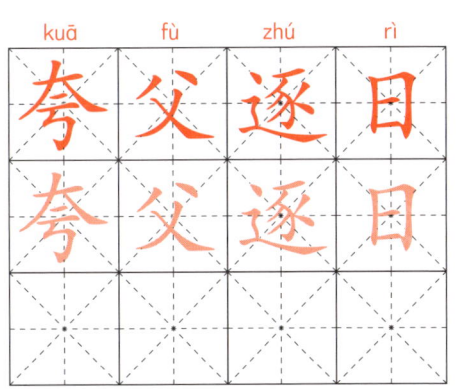
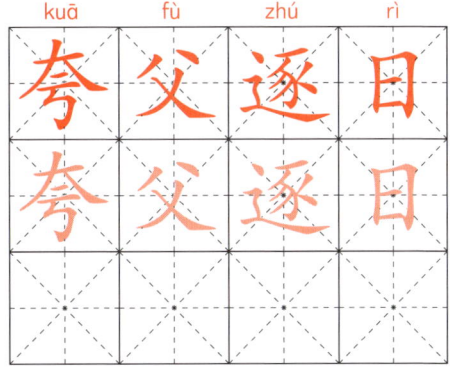

眉

jǔ	àn	qí	méi	jǔ	àn	qí	méi
举	案	齐	眉	举	案	齐	眉
举	案	齐	眉	举	案	齐	眉

 立

chéng	mén	lì	xuě
程	门	立	雪
程	门	立	雪

chéng	mén	lì	xuě
程	门	立	雪
程	门	立	雪

lián	zhòng	sān	yuán	lián	zhòng	sān	yuán
连	中	三	元	连	中	三	元
连	中	三	元	连	中	三	元

chǔ	qiú	nán	guān	chǔ	qiú	nán	guān
楚	囚	南	冠	楚	囚	南	冠
楚	囚	南	冠	楚	囚	南	冠

měi	lún	měi	huàn
美	轮	美	奂
美	轮	美	奂

měi	lún	měi	huàn
美	轮	美	奂
美	轮	美	奂

shòu	bǐ	nán	shān	shòu	bǐ	nán	shān
寿	比	南	山	寿	比	南	山
寿	比	南	山	寿	比	南	山

 亦

shuǐ néng zài zhōu
水能载舟

yì néng fù zhōu
亦能覆舟

 乎

zhī	hū	zhě	yě
之	乎	者	也

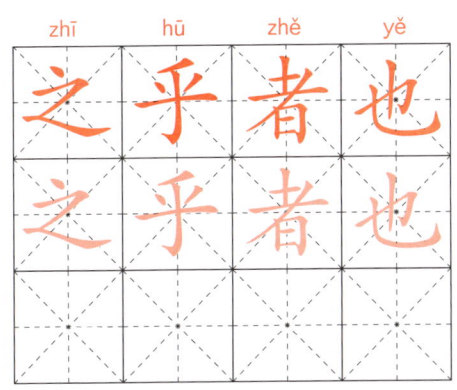
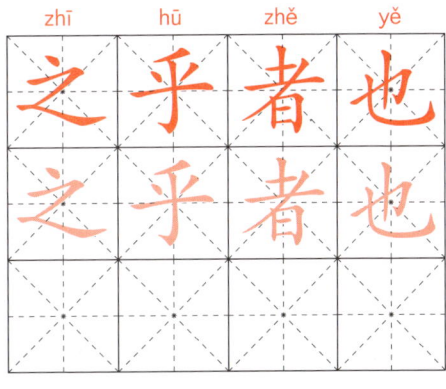

mín	guì	jūn	qīng		mín	guì	jūn	qīng
民	贵	君	轻		民	贵	君	轻
民	贵	君	轻		民	贵	君	轻

仁

dāng	rén	bù	ràng
当	仁	不	让
当	仁	不	让

dāng	rén	bù	ràng
当	仁	不	让
当	仁	不	让

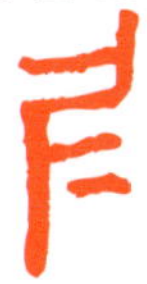

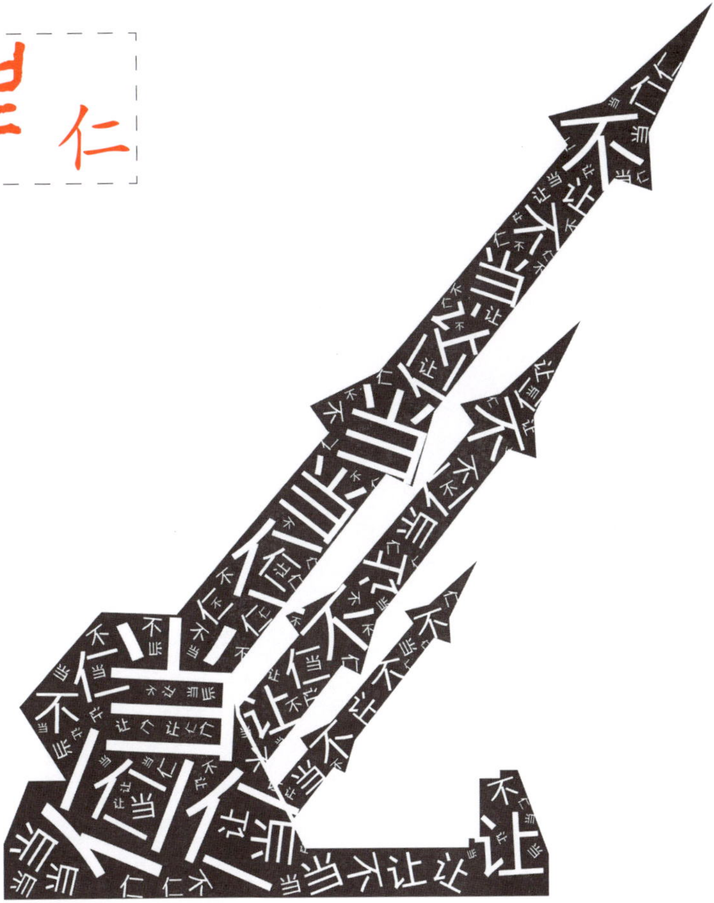

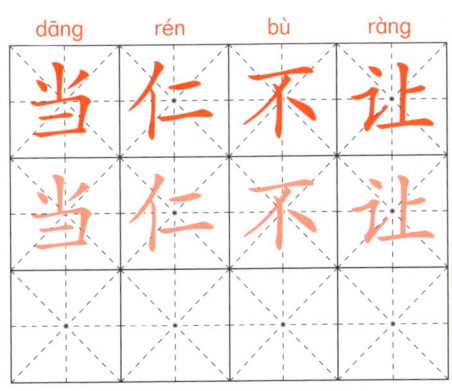

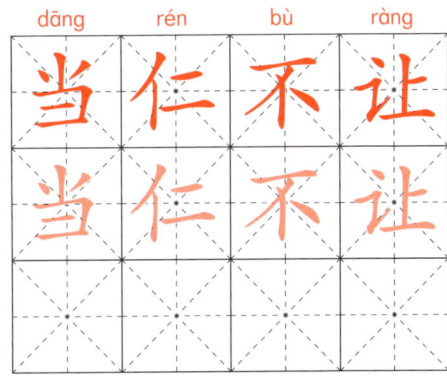

 听

jiān	tīng	zé	míng
兼	听	则	明
兼	听	则	明

piān	xìn	zé	àn
偏	信	则	暗
偏	信	则	暗

 闻

wén	jī	qǐ	wǔ
闻	鸡	起	舞
闻	鸡	起	舞

wén	jī	qǐ	wǔ
闻	鸡	起	舞
闻	鸡	起	舞

使用说明：

1. 涂色。描红本图像中填充的文字是白色的，可以自由涂色。
2. 描红。描红本中有描红田字格，可以在田字格中描写文字。

涂色大赛：

1. 参加涂色大赛的小朋友，请首先关注我们的公众号。
2. 请在2016年6月1日前将涂好色的图片发至公众号后台，或者发到邮箱 xiaodouyadushu@163.com。
3. 我们将会为收到的作品举办微信投票活动。
4. 收获票数最多的前三名，将会获得我们提供的精美礼品一份。

关注我们的微信
参加涂色大赛吧